［復刻版］

初等科國史

文部省

ハート出版

神《しん》勅《ちょく》

豊葦原《とよあしはら》の千五百秋《ちいほあき》の瑞穂《みずほ》の国《くに》は、是《こ》れ吾《あ》が子孫《うみのこ》の王《きみ》たるべき地《くに》なり。宜《よろ》しく爾皇孫《いましすめみま》就《ゆ》きて治《しら》せ。さきくませ。宝祚《あまつひつぎ》の隆《さか》えまさんこと、当《まさ》に天壌《あめつち》と窮《きわま》りなかるべし。

御歴代表

第一代	神武《じんむ》天皇
第二代	綏靖《すいぜい》天皇
第三代	安寧《あんねい》天皇
第四代	懿徳《いとく》天皇
第五代	孝昭《こうしょう》天皇
第六代	孝安《こうあん》天皇
第七代	孝霊《こうれい》天皇
第八代	孝元《こうげん》天皇
第九代	開化《かいか》天皇
第十代	崇神《すじん》天皇
第十一代	垂仁《すいにん》天皇
第十二代	景行《けいこう》天皇
第十三代	成務《せいむ》天皇
第十四代	仲哀《ちゅうあい》天皇
第十五代	応神《おうじん》天皇
第十六代	仁徳《にんとく》天皇
第十七代	履中《りちゅう》天皇
第十八代	反正《はんぜい》天皇
第十九代	允恭《いんぎょう》天皇
第二十代	安康《あんこう》天皇
第二十一代	雄略《ゆうりゃく》天皇
第二十二代	清寧《せいねい》天皇
第二十三代	顕宗《けんぞう》天皇
第二十四代	仁賢《にんけん》天皇
第二十五代	武烈《ぶれつ》天皇
第二十六代	継体《けいたい》天皇
第二十七代	安閑《あんかん》天皇
第二十八代	宣化《せんか》天皇
第二十九代	欽明《きんめい》天皇
第三十代	敏達《びだつ》天皇
第三十一代	用明《ようめい》天皇
第三十二代	崇峻《すしゅん》天皇
第三十三代	推古《すいこ》天皇
第三十四代	舒明《じょめい》天皇
第三十五代	皇極《こうぎょく》天皇
第三十六代	孝徳《こうとく》天皇
第三十七代	斉明《さいめい》天皇
第三十八代	天智《てんじ》天皇
第三十九代	弘文《こうぶん》天皇
第四十代	天武《てんむ》天皇

第四十一代	持統《じとう》天皇
第四十二代	文武《もんむ》天皇
第四十三代	元明《げんめい》天皇
第四十四代	元正《げんしょう》天皇
第四十五代	聖武《しょうむ》天皇
第四十六代	孝謙《こうけん》天皇
第四十七代	淳仁《じゅんにん》天皇
第四十八代	称徳《しょうとく》天皇
第四十九代	光仁《こうにん》天皇
第五十代	桓武《かんむ》天皇
第五十一代	平城《へいぜい》天皇
第五十二代	嵯峨《さが》天皇
第五十三代	淳和《じゅんな》天皇
第五十四代	仁明《にんみょう》天皇
第五十五代	文徳《もんとく》天皇
第五十六代	清和《せいわ》天皇
第五十七代	陽成《ようぜい》天皇
第五十八代	光孝《こうこう》天皇
第五十九代	宇多《うだ》天皇
第六十代	醍醐《だいご》天皇
第六十一代	朱雀《すざく》天皇
第六十二代	村上《むらかみ》天皇
第六十三代	冷泉《れいぜい》天皇
第六十四代	円融《えんゆう》天皇
第六十五代	花山《かざん》天皇
第六十六代	一条《いちじょう》天皇
第六十七代	三条《さんじょう》天皇
第六十八代	後一条《ごいちじょう》天皇
第六十九代	後朱雀《ごすざく》天皇
第七十代	後冷泉《ごれいぜい》天皇
第七十一代	後三条《ごさんじょう》天皇
第七十二代	白河《しらかわ》天皇
第七十三代	堀河《ほりかわ》天皇
第七十四代	鳥羽《とば》天皇
第七十五代	崇徳《すとく》天皇
第七十六代	近衛《このえ》天皇
第七十七代	後白河《ごしらかわ》天皇
第七十八代	二条《にじょう》天皇
第七十九代	六条《ろくじょう》天皇
第八十代	高倉《たかくら》天皇
第八十一代	安徳《あんとく》天皇
第八十二代	後鳥羽《ごとば》天皇
第八十三代	土御門《つちみかど》天皇
第八十四代	順徳《じゅんとく》天皇

第八十五代	仲恭《ちゅうきょう》天皇
第八十六代	後堀河《ごほりかわ》天皇
第八十七代	四条《しじょう》天皇
第八十八代	後嵯峨《ごさが》天皇
第八十九代	後深草《ごふかくさ》天皇
第九十代	亀山《かめやま》天皇
第九十一代	後宇多《ごうだ》天皇
第九十二代	伏見《ふしみ》天皇
第九十三代	後伏見《ごふしみ》天皇
第九十四代	後二条《ごにじょう》天皇
第九十五代	花園《はなぞの》天皇
第九十六代	後醍醐《ごだいご》天皇
第九十七代	後村上《ごむらかみ》天皇
第九十八代	長慶《ちょうけい》天皇
第九十九代	後亀山《ごかめやま》天皇
第百代	後小松《ごこまつ》天皇
第百一代	称光《しょうこう》天皇
第百二代	後花園《ごはなぞの》天皇
第百三代	後土御門《ごつちみかど》天皇
第百四代	後柏原《ごかしわばら》天皇
第百五代	後奈良《ごなら》天皇
第百六代	正親町《おおぎまち》天皇
第百七代	後陽成《ごようぜい》天皇
第百八代	後水尾《ごみずのお》天皇
第百九代	明正《めいしょう》天皇
第百十代	後光明《ごこうみょう》天皇
第百十一代	後西《ごさい》天皇
第百十二代	霊元《れいげん》天皇
第百十三代	東山《ひがしやま》天皇
第百十四代	中御門《なかみかど》天皇
第百十五代	桜町《さくらまち》天皇
第百十六代	桃園《ももぞの》天皇
第百十七代	後桜町《ごさくらまち》天皇
第百十八代	後桃園《ごももぞの》天皇
第百十九代	光格《こうかく》天皇
第百二十代	仁孝《にんこう》天皇
第百二十一代	孝明《こうめい》天皇
第百二十二代	明治《めいじ》天皇
第百二十三代	大正《たいしょう》天皇
第百二十四代	今上《きんじょう》天皇

目録

凡例

一、本書は、文部省著『初等科国史』上・下（昭和十八年発行）を底本としました。
一、原則として、旧字は新字に、旧仮名づかいを新仮名づかいに改めました。
一、明らかな誤字脱字は訂正しました。
一、見やすいように、図の一部を描き直しました。
一、巻末に、「用語説明」と、三浦小太郎氏による「解説」を追加しました。

〔編集部より〕
当社で復刻を希望される書籍がございましたら、本書新刊に挟み込まれているハガキ等で編集部まで情報をお寄せください。今後の出版企画として検討させていただきます。

第一　神国《しんこく》

一　高千穂《たかちほ》の峯《みね》

大内山《おおうちやま》の松のみどりは、大御代《おおみよ》の御栄《みさか》えをことほぎ、五十鈴《いすず》川の清らかな流れは、日本の古い姿をそのままに伝えています。

遠い遠い神代《かみよ》の昔、伊弉諾尊《いざなぎのみこと》・伊弉冉尊《いざなみのみこと》は、山川の眺めも美しい八つの島をお生みになりました。これを大八洲《おおやしま》といいます。島々は、黒潮たぎる大海原《おおうなばら》に、浮城《うきしろ》のように並んでいました。つづいて多くの神々をお生みになりました。最後に、天照大神《あまてらすおおみかみ》が、天下《あめのした》の君としてお生まれになり、日本の国の基《もとい》をおさだめになりました。

大神は、天皇陛下の御《ご》先祖に当らせられる、かぎりもなく尊い神であらせられます。御徳《おんとく》きわめて高く、日神《ひのかみ》とも申しあげるように、御恵《み》みは大八洲にあふれ、海原を越えて、遠く世界のはてまで満ちわたるのであります。

大神は、高天原《たかまがはら》にいらっしゃいました。稲・麦等五穀《こく》を植え、蚕《かいこ》を飼い、糸をつむぎ、布を織《お》ることなどをお教えになりました。春は機《はた》を織るおさの音ものどかに、秋は瑞穂《みずほ》の波が黄金《こがね》

五十鈴川の流れ

のようにゆらいで、楽しいおだやかな日が続きました。私たちは「天《あめ》の岩屋」や「八岐《やまた》のおろち」のお話にも、大神の尊い御徳と深い御恵みを仰ぐことができます。御《おん》弟素戔嗚尊《すさのおのみこと》を始めたてまつり、多くの神々が、どんなに深く大神をおしたい申しあげていられたかを知ることができます。

大神は、大八洲を安らかな国になさろうとして、御《ご》子孫をこの国土にお降《くだ》しになることを、お考えになっていました。当時大八洲には、多くの神々があり、中でも、素戔嗚尊の御子、大国主神《おおくにぬしのかみ》は、勇気もあり、なさけも深く、出雲《いずも》地方をなつけて、勢が最も盛《さか》んでありました。そこで大神は、御《おん》使いをおつかわしになって、君臣《くんしん》の分をお示《しめ》しになり、国土の奉還《ほうかん》をおさとしになりました。大国主神は、つつしんでその仰せに従われました。大神は、その真心をおほめになって、大国主神のため

皇孫のお降り

に、りっぱな御殿をお造《つく》らせになりました。これが出雲大社の起源《きげん》であります。

いよいよ、皇孫のお降りになる日がまいりました。大神は、御孫瓊瓊杵尊《ににぎのみこと》をおそば近くにお召しになって、

豊葦原《とよあしはら》の千五百秋《ちいほあき》の瑞穂《みずほ》の国《くに》は、是《こ》れ吾《あ》が子孫《うみのこ》の王《きみ》たるべき地《くに》なり。宜《よろ》しく爾《いまし》皇孫《すめみま》就《ゆ》きて治《しら》せ。さきくませ。宝祚《あまつのひつぎ》の隆《さか》えまさんこと、当《まさ》に天壌《あめつち》と窮《きわま》りなかるべし。

と、おごそかに仰せられました。

万世一系《ばんせいいっけい》の天皇をいただき、天地《あめつち》とともにきわみなく栄えるわが国がらは、これによって、いよいよ明らかとなりました。

大神はまた、八咫鏡《やたのかがみ》に八坂瓊曲玉《やさかにのまがたま》・天叢雲剣《あめのむらくものつるぎ》をそえて、尊にお授けになって、

此《こ》れの鏡《かがみ》は、専《もは》ら我《あ》が御魂《みたま》として、吾《あ》が前《みまえ》を拝《いつ》くが如《ごと》、いつきまつれ。

と仰せられました。御代御代の天皇は、この三種《さんしゅ》の神器《じんぎ》を、皇位の御《み》しるしとせられ、特に御《み》鏡は大神として、おまつりになるのであります。

瓊瓊杵尊は、御《おん》かどでの御《み》姿もけだかく、大神においとまごいをなさって、神勅《しんちょく》と神器を奉じ、文武の神々を従え、天上の雲をかき分けながら、おおしくおごそかに、日向《ひゅうが》の高千穂の峯にお降りになりました。この日をお待ち申しあげた民草《たみくさ》のよろこびは、どんなであったでしょう。空には五色《しき》の雲がたなびき、高千穂の峯は、ひときわこうごうしく仰がれました。

その後、第一代神武《じんむ》天皇の御《おん》時まで、代々日向の国においでになり、大神の御《み》心をついで、まつりごとにおいそしみになりました。こうして、豊葦原の瑞穂の国は、御恵みの光ゆたかに、日向の国から開けて行くのであります。瓊瓊杵尊・彦火火出見尊《ひこほほでみのみこと》・鸕鷀草葺不合尊《うがやふきあえずのみこと》の御三方《おんさんかた》を、世に日向御《ご》三代と申しあげます。そうして、可愛山陵《えのみささぎ》・高屋山上陵《たかやのやまのえのみささぎ》・吾平山上陵《あひらのやまのえのみささぎ》に、遠く御三代の昔を、おしのび申しあげるのであります。

宮崎神宮

二　橿原《かしはら》の宮居《みやい》

日向御三代ののちは、神武天皇の御代であります。雲間にそびえる高千穂の峯から、御恵みの風が吹きおろして、筑紫《つくし》の民草は、よくなつきました。ただ、遠くはなれた東の方には、まだまだ、御恵みを知らないわるものがいて、勢を張り、人々を苦しめていました。天皇は「東の方には、青山《あおやま》をめぐらした、国を治めるのによい土地があるという。都をうつしてわるものをしずめ、大神の御心を国中にひろめよう」と仰せられ、皇兄五瀬命《こうけいいつせのみこと》たちといろいろ御相談の上、陸海の精兵を引きつれて、勇ましく日向をおたちになりました。

日向灘《なだ》から瀬戸内海《せとないかい》へ、御軍船《みいくさぶね》は波をけたてて進みました。行く行く御船《みふね》をおとどめになって、各地のわるものをお平げになり、また苦しむ民草をお恵みになりました。御稜威《みいつ》をしたって御軍に加るものも、少くありませ

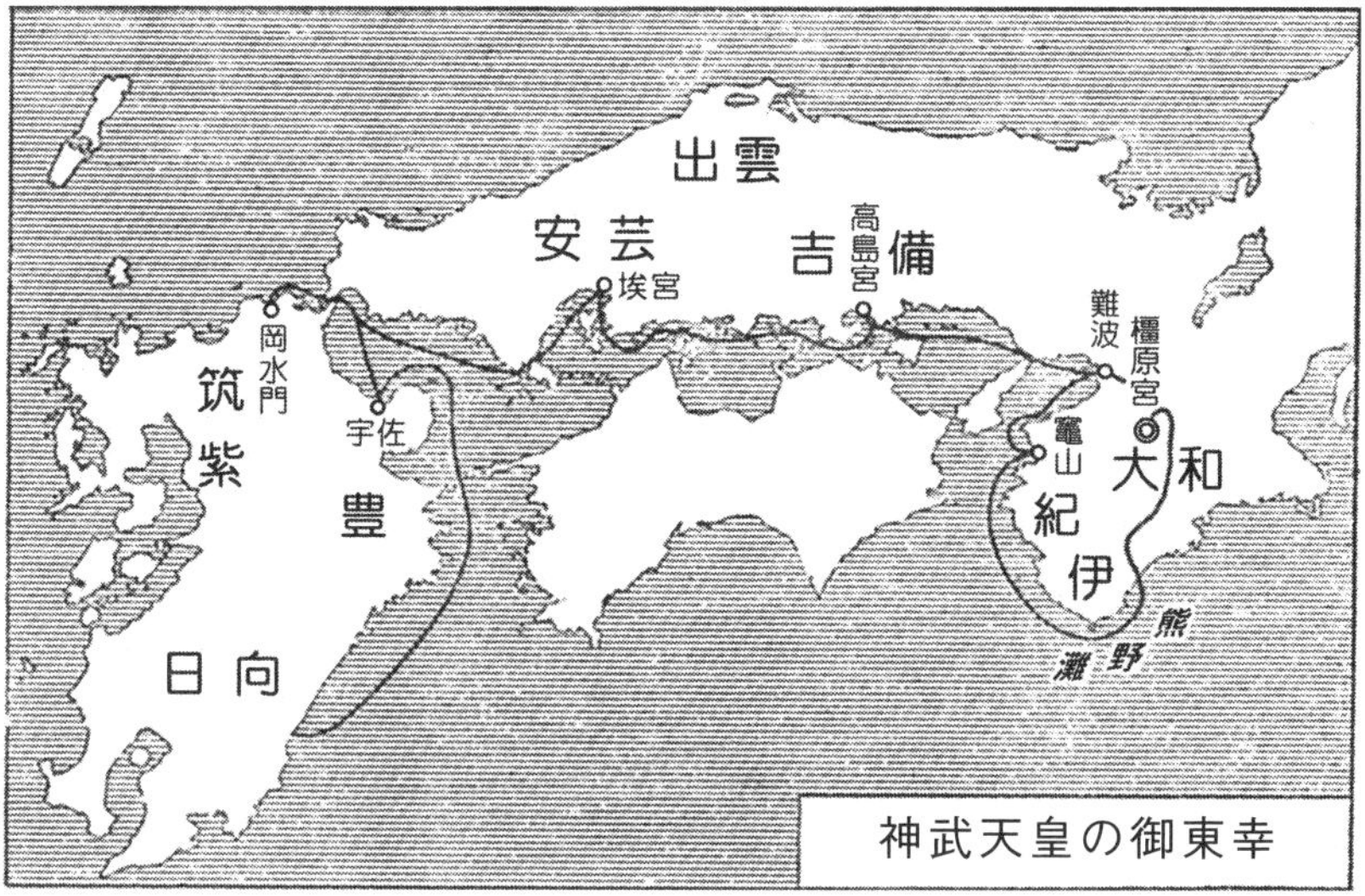

神武天皇の御東幸

んでした。島山の多い内海のことととて、春の朝《あした》、秋の夕《ゆうべ》の美しい眺めが、御軍人《びと》のつかれをなぐさめたこともありましょう。こうして、長い年月をお重ねになりながら、天皇は、ようやく難波《なにわ》へお着きになりました。生駒山《いこまやま》をひとつ越えると、めざす大和《やまと》の国であります。御軍は、勇気をふるって東へ進みました。ここに、長髄彦《ながすねひこ》というわるものが、饒速日命《にぎはやひのみこと》を押し立て、多くの手下を引きつれ、地の利《り》にたよって、御軍に手むかいました。孔舎衛坂《くさえざか》の戦では、おそれ多くも、五瀬命が敵の流矢のために、深手《ふかで》をお負いになりました。それほどの激戦《げきせん》だったのです。この形勢《けいせい》をごらんになって、天皇は「日の神の子孫が、日へ向かって戦を進めるのはよくない」と仰せになり、海路紀伊《きい》半島を熊野《くまの》へと、おまわりになりました。しかも途中の御難儀は、かくべつでありました。五瀬命は、竈山《かまやま》でおかくれになり、悲しみに包まれた御船は、さらに、熊野灘の荒

鵄邑の顕彰碑

波をしのいで進まなければなりませんでした。紀伊へ御《ご》上陸になっても、さらに大和へ入る道すじは、山がけわしく谷が深く、まったく道なき道を切り開いての御《ご》進軍でありました。しかし、御軍には、つねに神のおまもりがありました。熊野では、高倉下《たかくらじ》が神剣《しんけん》をたてまつり、山深い道では、羽ばたきの音高く、八咫烏《やたがらす》が現れて、御軍をみちびき申しあげました。こうして、大和へお進みになった天皇は、みちみち、わるものの謀《はかりごと》をおくじきになり、従うものはゆるし、手むかうものをお平げになって、最後に、長髄彦の軍勢と決戦なさることになりました。

御軍人たちは、一せいにふるいたちましたが、賊軍も必死になって防ぎます。またまた、はげしい戦になりました。折から、空はまっ暗になり、雷鳴《らいめい》がとどろいて、ものすごい雹《ひょう》さえ降って来ました。すると、どこからとなく、金色の鵄《とび》が現れて、おごそ

即位の礼

かにお立ちになっていらっしゃる天皇の、御弓の先に止りました。金色の光は、電《いなずま》よりもするどくきらめいて、賊兵の目を射ました。御軍は、ここぞとばかり攻めたてました。賊はさんざんにやぶれました。かねて、天皇に従いたてまつることをすすめていた饒速日命は、ついに長髄彦を斬《き》って降参《こうさん》しました。

大和地方はすっかりおさまって、香久《かぐ》・畝傍《うねび》・耳成《みみなし》の三山が、かすみの中に、ぽっかりと浮かんで見えます。民草は、よみがえったように、田や畠でせっせと働いています。やがて天皇は、畝傍山のふもと、橿原に都をおさだめになり、この都を中心にして大神の御心をひろめようと思《おぼ》し召し、かしこくも「八紘《あめのした》を掩《おお》いて宇《いえ》と為《せ》ん」と仰せになりました。そうして、この橿原の宮居で、即位《そくい》の礼をおごそかにおあげになって、第一代の天皇の御位《みくらい》におつきになりました。この年が、わが国の紀元元年《きげんがんねん》でありま

鳥見のおまつり

橿原神宮

す。

天皇は、功ある将士《しょう》をおほめになって、それぞれ、神をおまつりしたり宮居をおまもりする重い役目に、お取り立てになりました。やがて鳥見《とみ》の山中に、天照大神始め神々を、おごそかにおまつりになり、したしく大和平定《へいてい》の御《おん》事をおつげになりました。日本の国の基は、神武天皇のこうした御苦心《ごくしん》と御恵みとによって、いよいよ固くなって行きました。

今、畝傍山の陵を拝し、橿原神宮にお参りして、天皇の大御業《おおみわざ》をはるかにおしのび申しますと、松風の音さえ、二千六百年の昔を物語《ものがた》るようで、日本に生まれたよろこびを、ひしひしと感じるのであります。

三　五十鈴川《いすずがわ》

その後も、御代御代の天皇は、民草を子のようにおいつくしみになりました。国民もまた、親のようにおしたい申しました。こうした、なごやかさが続いている間に、日本の力は、若竹のようにずんずんのび、御稜威は、やがて海の外まで及《およ》ぶようになりました。

神々のお生みになった大八洲、海原をめぐらす敷島の国のこととて、海・山の眺めはひときわ美しく、山の幸《さち》、海の幸がゆたかで、野には、大神のたまものである稲の穂がそよいでいます。こうした浦安《うらやす》の国に、国民は多くの氏《うじ》に分れ、それぞれ一族のかしらにひきいられて、皇室に仕えていたのであります。それぞれ、氏の先祖の神をまつり、先祖から伝わる仕事にはげんでいました。皇室のおまつりをつかさどり、宮居をおまもりして武をみがき、田畠をたがやして穀物《こくもつ》を作ることなどが、いちばん大切な仕事でありました。

こうして、五百年ばかりの年月がたって、第十代崇神《すじん》天皇が御位におつきになりました。天皇は「神鏡を身近く奉安しているのは、まことにおそれ多いことである」とお考えになり、御鏡に御剣をそえて、これを大和の笠縫邑《かさぬいのむら》におまつりになりました。第十一代垂仁《すいにん》天皇もまた、その御志《みこころざし》をおうけになり、伊勢《いせ》の五十鈴川のほとりに、あらたかな社殿をお造りになって、そこにおまつりになりました。これを皇大神宮《こうだいじんぐう》と申しあげます。国民も、今はまのあたりに神宮を拝して、ますます敬神の心を深め、国の尊さを、はっきりと心に刻むようになりました。

世の中はいよいよ開け、人口は多くなり、産業もまた進んで来ました。そこで崇神天皇は、御恵みを国のすみずみまでおよぼそうとの思し召しから、四人の皇族を北陸《ほくりく》・東海《とうかい》・山陰《さんいん》・山陽《さんよう》の四道へおつかわしになりました。これを四道将軍《しどうしょうぐん》といいます。また人口を調べ、みつぎ物を定めて、政治《せいじ》をお整えになり、池をほらせて農業をお進めになり、さらに、諸国《しょこく》に命じて船を造らせ、海国日本の備《そな》えを固くなさいました。このころ、朝鮮《ちょうせん》の大伽羅《おおから》（任那《みまな》）という国が、となりの新羅《しらぎ》におびやかされて、わが国に助けを求めましたので、天皇は塩乗津彦《しおのりつひこ》に軍勢を授

四道将軍

けて、おつかわしになったこともあります。垂仁天皇は、もっぱら御父の御業をおつぎになって、農業をお進めになり、ひたすら民草をおいつくしみになりました。あの田道間守《たじまもり》の物語《ものがたり》によっても、御《ご》高徳のほどをおしのび申すことができるのであります。こうして御《おん》二代の間に、国の力は一だんと強まり、御稜威は遠く海外に、かがやくようになりました。

しかし、交通《こうつう》の不便《ふべん》なこのころのことですから、遠い九州や東北の地方には、皇室の御恵みを、まだ十分にわきまえないものがありました。第十二代景行《けいこう》天皇から第十四代仲哀《ちゅうあい》天皇の御代にかけて、西の熊襲《くまそ》、東の蝦夷《えぞ》が、しばしば、わがままなふるまいをくりかえしました。おそれ多くも、景行天皇は、御《おん》みずから熊襲を討っておしずめになり、また武内宿禰《たけのうちのすくね》に命じて、蝦夷のようすをお調べさ

半島の形勢

せになりました。それでもなお治らないので、皇子日本武尊《おうじやまとたけるのみこと》に、重ねてお討たせになりました。尊の御《ご》勇武によって、熊襲もしばらく鳴りをひそめ、蝦夷もまたしずまりました。東国へお出かけになる時、尊は、特に皇大神宮の御剣をお受けになり、神々のおまもりによって、御《ご》武運をお開きになったのであります。こうして、今や御稜威は東西にかがやき、やがて第十三代成務《せいむ》天皇の御代になると、国や郡《こおり》が設《もう》けられ、役人が置かれて、地方の政治が大いに整って来ました。

ついで、仲哀天皇がお立ちになってまもなく、またまた熊襲がそむきました。天皇は、神功《じんぐう》皇后とともに、将兵をひきいて、筑紫へおくだりになりましたが、熊襲がまだしずまらないうちに、おそれ多くも、行宮《あんぐう》でおかくれになりました。皇后は、御《おん》悲しみのうちにも、新羅が熊襲のあと押しをしていることを、お見やぶりになり、武内宿禰の考えをもおくみになって、い

皇后の御出発

よいよ、新羅をお討ちになることになりました。紀元八百六十年のことであります。

国々からは、勇ましい将兵や多くの軍船が、お召しに応じて、次々に松浦《まつら》の港へ集って来ます。まことに、細戈千足《くわしほこちたる》の国の力づよさを思わせる光景であります。皇后は、うやうやしく、神々に戦勝をお祈りになり、将兵は、決死の覚悟をちかいました。折からの追風を帆にはらんで、軍船は矢のように、海面をすべって行きました。

おどろきあわてたのは、新羅王です。「音にきく日本の船、神国のつわものにちがいない」と思って、王はすぐさま皇后をお出迎え申しあげ、二心《ふたごころ》のないしるしに、毎年かならずみつぎ物をたてまつることを、堅くちかいました。勢こんだ将兵の中には、王を斬ろうとするものもありましたが、皇后は、それをとめて降伏《こうふく》をお許し

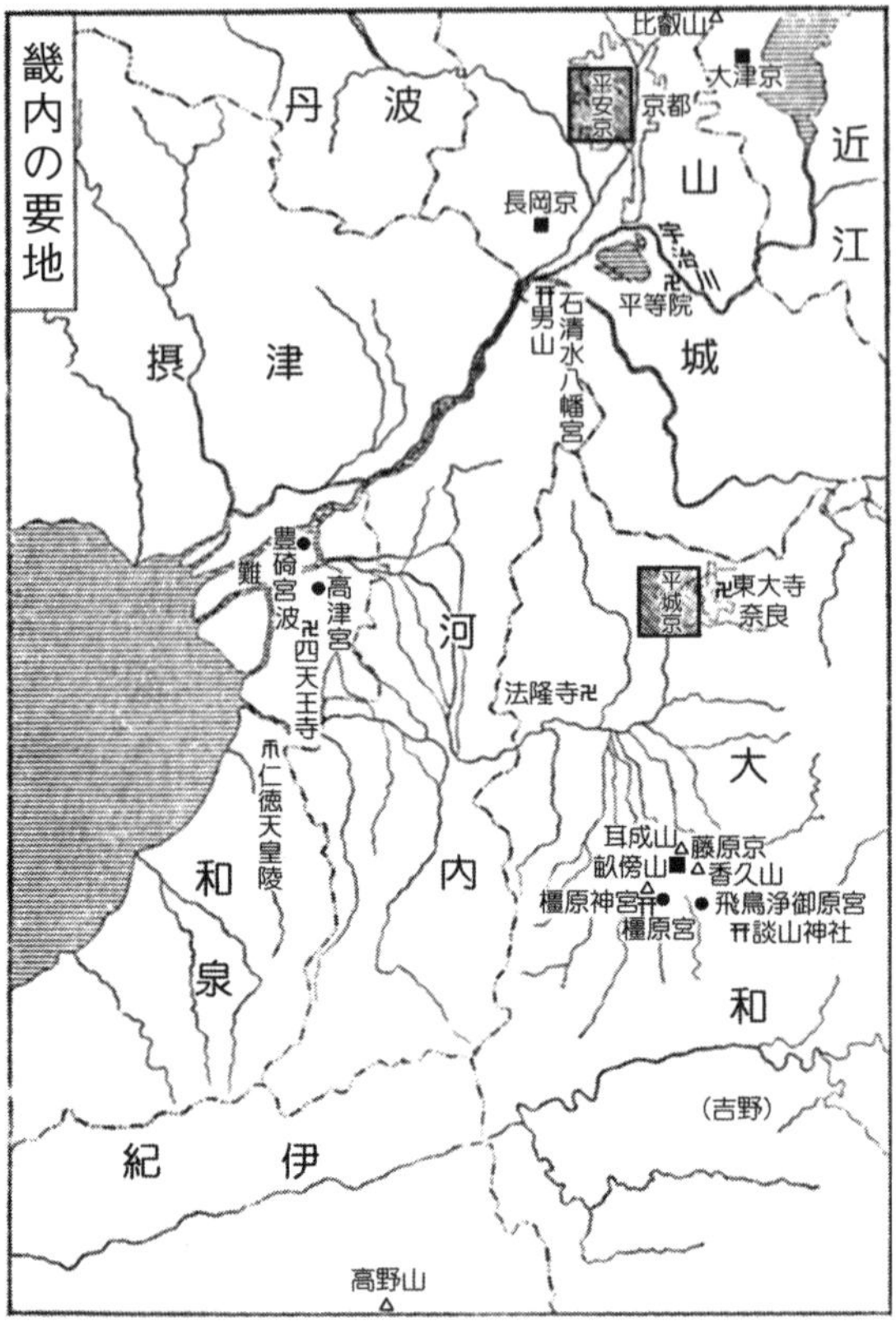

になり、王が真心こめてたてまつった金・銀・綾《あや》・錦を、八十艘《そう》の船に積んで、勇ましくめでたくお帰りになりました。

　こののち、熊襲がしずまったのはいうまでもなく、百済《くだら》や高《こう》句《く》麗《り》までも、わが国につき従いました。日本のすぐれた国がらをしたって、その後、半島から渡って来る人々が、しだいに多くなりました。このように、国内がしずまり、皇威が半島にまで及んだのは、ひとえに、神々のおまもりと皇室の御恵みによるものであります。

第二　大和《やまと》の国原《くにばら》

一　かまどの煙《けむり》

天皇の御恵《み》みのもとに、国民はみな、楽しくくらしていました。半島から来た人々も、自分の家に帰ったような気がしたのでしょう、そのままとどまって、朝廷から名前や仕事や土地などをたまわり、よい日本の国民になって行きました。中には、朝廷に重く用《もち》いられて、その子その孫と、ながくお仕えしたものもあります。学者《がくしゃ》や機織《はたおり》・鍛冶《かじ》にたくみなものが多く、それぞれ仕事にはげんで、御《み》国のためにつくしました。

第十五代応神《おうじん》天皇は、これらの人々を用いて、学問や産業をお進めになりました。天皇が特に御《み》心をお注ぎになったのは農業で、池や溝《みぞ》をお造《つく》らせになり、水田《すいでん》をふやして、米が多く取れるようになさいました。また、使いを支那へやって、裁縫《さいほう》や機織にすぐれた職人を、お召しになったこともあります。こうして、だんだん交通《こうつう》が開けると、朝鮮《ちょうせん》半島は、わが国から大陸へ渡る橋の役目をすることになりました。ついで第十六代仁徳《にんとく》天皇は、都を難波《なにわ》におうつしになりましたが、それも、半島との交通の便《べん》をお考えになってのことであります。

三年ののち

仁徳天皇は、深く民草《たみくさ》をおいつくしみになりました。不作の年が続いたころのことです。ある日、高殿《たかどの》にのぼって、遠く村里《むらざと》のようすをごらんになりますと、民家から煙一すじ立ちのぼらない有様《ありさま》です。天皇は、民草の苦しみのほどを深くお察《さっ》しになって、三年の間、税をおさめなくてもよいことになさいました。ために、おそれ多くも、御《おん》生活はきわめて御不自由となり、宮居の垣はこわれ、御殿もかたむいて、戸のすきまから雨風が吹きこむほどになって行きましたが、天皇は、少しもおいといになりませんでした。こうして三年ののち、ふたたび高殿からごらんになると、今度は、かまどの煙が、朝もや夕もやのように、一面にたちこめています。天皇は、たいそうお喜びになって「朕《ちん》すでに富《と》めり」と仰せになりました。御恵みにうるおう民草は、今こそと宮居の御修理《ごしゅうり》を願

御養蚕

い出ましたが、天皇は、まだお聞きとどけになりません。さらに三年たって、始めてお許しが出ましたので、喜び勇んだ民草は、老人も子どもも、日に夜をついで、宮居の御造営にはげみました。

天皇は、その後、池・溝・堤《つつみ》などを造って、農業をお進めになったり、橋をかけ道を開いて、交通の発達をおはかりになったりしました。こうして、御父天皇以来御二代の間に、多くの荒地は、瑞穂《みずほ》のそよぎわたる水田とかわり、米の産額《さんがく》が、いちじるしくふえました。今、堺《さかい》にある御陵《ごりょう》にお参りして、瓢《ひさご》形の御《み》山を仰ぐにつけても、天皇の御盛徳《ごせいとく》のほどを、しみじみとおしのびすることができます。

その後、五十年余りたって、第二十一代雄略《ゆうりゃく》天皇がお立ちになりました。天皇は、御心を深く養《よう》蚕業《さんぎょう》の発達にお用いになり、皇后もまた、御《おん》みずから蚕《かいこ》をお飼いになって、人々に手本をお示《しめ》しになりました。養蚕業につくした人々の子孫は、この時重く用いられ、また、新《あら》たに招かれて支那から来た機織の職人も、少くありませんでした。

このように、御代御代の天皇が、産業の発達をおはかりになりましたので、米や絹《きぬ》の産額は、いちじるしくふえて来ました。そうして、雄略天皇の御代には、国内や半島からたてまつるみつぎ物が、朝廷の御蔵《みくら》に満ちあふれるほどになりました。そこで天皇は、蔵を大きくお建てになり、武内宿禰《たけのうちのすくね》の子孫にあたる蘇我《そが》氏に、蔵をつかさどる重い役目をお命じになりました。

天皇は、こうして国がゆたかになるのも、ひとえに神々のおかげであるとお考えになり、神代の昔、大神をたすけたてまつって、農業や養蚕のことにおつくしになった豊受大神《とようけのおおかみ》を、皇大神宮の近くにおまつりになりました。これが外宮《げくう》の始りであります。

もうこのころは、神武天皇の御代から、千年以上もたっています。「青山にこもる大和」も、名実ともに国の中心となり、「やまと」といえば、海をめぐらす日本全体をさすほどになっていました。また、海をへだてた大陸に対し、おごそかにかまえる「日《ひ》の本《もと》の国」ともなっていたのであります。

二　法隆寺《ほうりゅうじ》

このように、国の勢がのびて来ると、国民の心に、ゆるみを生じるおそれがあります。朝廷に仕えるものは、家がらによって、代々役目がきまっているので、しぜん務《つと》めを怠りがちになり、中には、皇室の御恵みになれたてまつって、わがままをふるまうものさえあります。特に、蘇我氏を始め重い役目の人たちで、勝手に多くの土地や人民を使って、勢力争《せいりょくあらそ》いするものが出て来ました。朝鮮へ出向いている人たちの成績《せいせき》も、あまりよくありません。それに、このころ新羅《しらぎ》の勢は、目だって強くなり前からの約束を破って、しばしば半島の平和をみだします。こうして第二十九代欽明《きんめい》天皇の御代、紀元千二百年ころから百年ばかりの間、わが国は、内も外も、まったくゆだんのできない有様となりました。

第三十三代推古《すいこ》天皇は、こうしたなりゆきを深く御《ご》心配になり、聖《しょう》徳太子《とくたいし》を摂政《せっしょう》として、ゆるんだ政治《せいじ》の立て直しに、力をおつくさせになりました。太子は、人なみすぐれてりっぱなお方で、二十一歳の御《おん》

大和の国原

太子の御幼時

時、摂政におなりになりました。まず、政治をひきしめる手始めに、すぐれた人を重く用いる方法をお立てになりました。役目を家がらだけで固める習わしは、政治のみだれるもとになると、お考えになったからです。ついで、十七条の憲法《けんぽう》を作って、臣民《しんみん》の心得《こころえ》をこまごまとお示しになりました。その中に「詔《みことのり》を承《う》けては必《かなら》ず謹《つつし》め」「国民はみな天皇の臣民である。政治をつかさどるものは、勝手なふるまいをして、民草を苦しめてはならない」ときびしくおさとしになっています。また「和」の大切なことをおときになっているのも、朝廷に仕える人々の争いを、なくしようとの思《おぼ》し召しに、よるものであります。やがて太子は、百官を引きつれ、天皇に従って、神々をあつくおまつりになりました。それは、神をまつることが、政治の基《もとい》であるからであるとともに、このころ、国民の中には、外国から来た仏教《ぶっきょう》をよろこぶあまり、神をまつることをおろそかにするものが、あったからであろうと思われます。

仏教がわが国に伝わったのは、欽明天皇の御代のことであります。仏像《ぶつぞう》をまつってよいかどうかについて、蘇我氏と物部氏《もののべ》とがはげしく争ったこともあります。そこで太子は、仏教を十分お調べになり、これを日本の国がらに合うようにして、おひろめになりました。推古天皇の思し召しによって、法隆寺をお建てになったのも、御父第三十一代用明《ようめい》天皇に対する御孝心《ご》からであります。このように、太子は仏教の長所をお取りになり、お示しになったので、これにならって、信じるものが多くなり、人々の心もおちつき、学問や美術・工芸《こうげい》も、いちじるしく進むようになりました。

太子はまた、新羅をしずめることをお考えになるとともに、かねがね、大陸に目をお注ぎになっていましたので、始めて、支那との国交をお開きになりました。このころ、支那では、隋《ずい》という国が興《おこ》って、たいそう勢が強く、まわりの国々を見くだして、いばっていました。しかし太子は、使節小野妹子《おののいもこ》にお持たせになった国書に、堂々と、次のようにお書きになりました。

日出《い》ずる処《ところ》の天子、書を日没《ぼっ》する処の天子にいたす、つつがなきや。

法隆寺

隋の国王は、真赤になって怒ったそうですが、しかし、わが国のこの意気に押されたのか、それとも、わが国のようすを探ろうとしたのか、答礼《とうれい》の使節をよこしました。太子がこれを堂々とお迎えになったことは、申すまでもありません。飛鳥《あすか》の都から難波の港へ通じる大道をお造りになったのも、隋の使節をあっといわせるためでありました。このころ、東《とう》亜《あ》の国々で、これほど威光を示した国は、日本だけであります。太子は、その後も、使節につけて学生や僧をおつかわしになり、支那のいろいろのことについて、研究《けんきゅう》させるようになさいました。

こうして、わが国の政治も、よほど改って来ましたので、太子は、最後に、国史の本をお作りになりました。国がらを後世に伝え、外国にも知らせようと、お考えになったからでありましょう。まもなく太子は、まだ四十九歳という御年《おん》で、おなくなりに

夢殿

なりました。国民はみな、親を失ったように、なげき悲しみました。

今、奈良《なら》の西南斑鳩《いかるが》の里に、法隆寺の堂塔《どうとう》が、なだらかな山々を背にして、太子の御《ご》遺業を物語《ものがた》るかのように立っています。力のこもった中門《ちゅうもん》の丸柱、どっしりとかまえた金堂《こんどう》、大空にそびえる五重塔《ごじゅうのとう》、それらが、まことに変化《へんか》に富むとともに、調和の美しさを示しています。さらに、道を東へとって夢殿《ゆめどの》の前に立つと、絵にもかきたい八角の御《み》堂の中に、今でも太子が、しずかに工夫《くふう》をこらしていられるような気がします。

法隆寺の堂塔は、木造の建物として世界で最も古く、最も美しいものの一つです。これを今に伝えていることには、世界の国々もおどろいています。まことに、法隆寺は日本の誇《ほこ》りであります。

三　大化《たいか》のまつりごと

聖徳太子がおなくなりになると、人々の気持がまたゆるみ、一度よくなった政治も、あともどりをすることになりました。それは、蘇我氏が、前にも増して、わがままをふるまったからです。その上、大陸では、隋がほろびて唐《とう》が興り、その勢は隋より盛《さか》んで、わが国は少しのゆだんもできません。ながらく支那に行っていた高向玄理《たかむこのくろまろ》や南淵請安《みなぶちのじょうあん》などが、第三十四代舒明《じょめい》天皇の御代に帰って来たので、向こうのようすが、手に取るようにわかるのです。それなのに、蘇我氏は、蝦夷《えみし》・入鹿《いるか》と代を重ね、第三十五代皇極《こうぎょく》天皇の御代になって、そのわがままは、つのる一方です。蝦夷は、生前に自分たち親子の墓《はか》を作って、これを陵《みささぎ》と呼び、入鹿は、その邸《やしき》を宮《みや》といい、子たちを王子《みこ》と称《しょう》しました。聖徳太子のせっかくの御苦心《ごくしん》も、これでは、水の泡《あわ》となってしまうのではないかとさえ思われました。

日本は、神のおまもりになる国であります。蘇我氏の無道なふるまいを見て、ふるいたたれたのが、舒明天皇の御子、中大兄皇子《なかのおおえのおうじ》で、それをおたすけ申した人々のうち、最も名高いのが中臣鎌足《なかとみのかまたり》であります。皇子は、まず蘇我氏を除くため、鎌足始め同志《どうし》の人々と、いろいろ工夫をおこらしになりました。蘇我氏も、内々《ない》それと知ったか、邸に引きこもって、めったにすきを見せません。ちょうどそのころ、朝鮮からみつぎ物をたてまつる式がおこなわれ、入鹿も、それに参列することになりました。この機会に乗じて、皇子は鎌足らと、首尾《しゅび》よく入鹿をお除きになりました。これを聞いた蝦夷は、急いで兵を集めましたが、皇子が使いをやって、ねんごろに不心得をおさとしになりましたので、不忠と知った兵は、ちりぢりに逃げ去り、蝦夷は、邸に火を放って自殺《じさつ》しました。夏草のようにはびこった無道の蘇我氏は、こうして、ついにほろびました。大和の国原にたちこめた黒雲も、すっかり晴れて、飛鳥の都には、さわやかに天《てん》日《じつ》がかがやきました。

蘇我氏を除くことは、聖徳太子のお考えになったように、政治を根本から立て直して、日本をりっぱな国にするための準備《じゅんび》でありました。やがて第三十六代孝徳《こうとく》天皇がお立ちになって、中大兄皇子を皇太子とし、鎌足始め功のあった人々を重くお用いになって、わるい習わしをいっさい取り除き、新しい政治をお始めになりました。時に紀元一千三百五年で、聖徳太子がおなくなりになってから、二十数年ののちのことであります。

まず、多くの役人をひきいて、神々をおまつりになり、始めて大化という年号《ねんごう》をお建てになりました。都は、やがて難波にうつりました。さらに、翌《よく》大化二年の正月、拝賀の式が終ったのち、詔をおくだしになって、新政の方針《ほうしん》を明らかにお示しになりました。国民はみな天皇の御民《みたみ》であること、土地は全部奉還《ほうかん》して、国民はこれを使わせていただくのであること、新しいりっぱな人々が政治をおたすけ申しあげることなどを、はっきりとお定めになりました。この

大化のまつりごと

新しい政治を、世に大化の改新《かいしん》と申します。

皇室の御恵みは、国のすみずみまで行きわたり、国民はみな、安らかに仕事にはげむことができるようになりました。このころ、分けていただいた土地のあとかたが、今でも地方に残っています。私たちは、千三百年の昔をまのあたりにしのんで、深い感動に打たれるのであります。

孝徳天皇がおかくれになって、第三十七代斉明《さいめい》天皇の御代になりました。中大兄皇子は、引きつづき皇太子として、まつりごとをおたすけになりました。このころ、改新の政治も、よほど整って、皇威は、海外へ及《およ》ぶようになりました。まず、蝦夷《えぞ》の反乱《はんらん》をしずめるため、阿倍比羅夫《あべのひらふ》をやってお討たせになりました。比羅夫は、水軍をひきいて蝦夷をしずめ、さらに沿海州《えんかいしゅう》を攻めて、蝦夷のあと押しをする粛慎《みしはせ》をこらしめました。

比羅夫の遠征

やがて、中大兄皇子が御位をおつぎになり、第三十八代天智《てんじ》天皇と申しあげます。このころ半島では、新羅の勢がますます強く、大陸では、唐の最も盛んな時代でありました。しかも、この両国が力を合わせて、百済《くだら》や高句麗《こうくり》を攻めるので、わが国は、わざわざ兵を送って、百済をたすけたのでありますが、やがて、百済も高句麗も、相ついでほろびてしまいました。わが国にのがれて来た、たくさんの百済人は、みな、てあつい保護《ほご》を受けました。

かくて新羅や唐は、いつわが国へ攻め寄せるかわからない形勢《けいせい》となりました。天皇は、御心を深く国防のことにお注ぎになり、長門《ながと》や筑紫《つくし》に守備兵を置き、水城《みずき》をお造らせになりました。また、国民の気分を新たにするため、都を近江《おうみ》の志賀《しが》の里におうつしになり、法令や戸籍《こせき》を整えて政治をひきしめ、産業を盛んにして物資《ぶっし》をゆたかにするなど、もっぱら国力を増すことに、おつとめになりました。こうした御苦心のうちに、やがて四十六歳で、おかくれになりました。

天皇をおまつり申しあげる近江神宮は、今、琵琶湖《びわこ》のほとり、志賀の都のあと近く、おごそかに立っています。ここにお参りして、遠く大化の古《いにしえ》をしのぶと、三十年の御苦心と御恵みの数々が胸によみがえって、ありがたい感激《かんげき》に満ちるのであります。

第三　奈良《なら》の都《みやこ》

一　都大路《みやこおおじ》と国分寺《こくぶんじ》

やがて第四十代天武《てんむ》天皇が、飛鳥《あすか》の宮居で御位におつきになるころは、国の備《そな》えも、すでに十分でありました。それに、唐《とう》の勢がくだり坂となり、新羅《しらぎ》と唐が、まもなく争《あらそ》いを始めたので、わが国にとっては、ますます有利《ゆうり》となりました。そこで天皇は、国内の政治《せいじ》をいっそうよくするため、いろいろな御計画《ごけいかく》をお立てになりました。中でも、法令を整えること、りっぱな

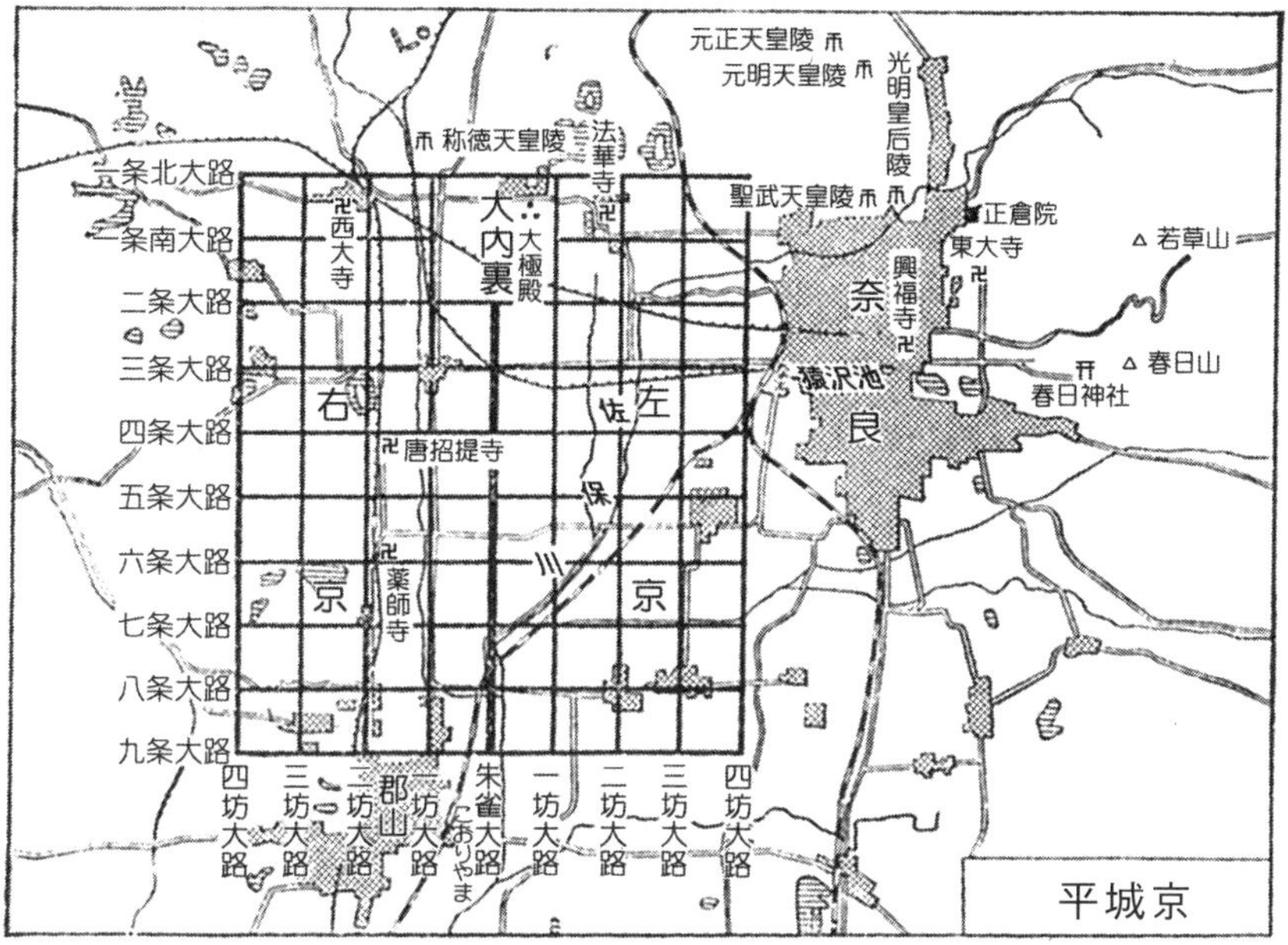

都を建てること、国史の本を作ることの三つが、その主《おも》なものでありました。そうして、これらの御《ご》事業は、そののち、御代御代にうけつがれ、次々に完成されて行くのであります。まず第四十二代文武《もんむ》天皇の御代には、大宝律令《だいほうりつりょう》が定まって、法令が整いました。

大きな都を造《つく》るには、用意もなかなかたいへんですから、すぐというわけには行きません。第四十一代持統《じとう》天皇が香久《かぐ》山の西にお造りになった藤原宮《ふじわらのみや》は、ずいぶんりっぱな都ではありましたが、やがて第四十三代元明《げんめい》天皇の御代に、すばらしい都が、大和《やまと》の北部、今の奈良の近くに、できあがりました。東西《とうざい》四十町、南北《なんぼく》四十五町という大きな構《かま》えで、これを平城京《へいじょうきょう》といい、また奈良の都ともいうのであります。

天皇が、この都におうつりになったのは、紀元一千三百七十年、和銅《わどう》三年のことであります。これまで、都といえば、大和平野の南部を中心に、ほとんど御代ごとにうつされ、新しく造られたのでありますが、奈良の都は、御《ご》七代・七十余年の間、咲く花のにおうように栄《さか》えました。北の正面には、大内裏《だいだいり》があり、南へ走る朱《す》雀大路《ざくおおじ》は、都を左右に分けて、そのはてに、羅城門《らじょうもん》を開いています。東西九条・南北八坊《ぼう》の都大路は、ちょうど碁盤《ごばん》の目のように、きちんと町をくぎり、宮殿や寺々の青い瓦《かわら》、白い壁、赤い柱が、日の光、山のみどりに照りはえて、まるで絵のような美しさです。こうした都大路を、銀をちりばめた太刀をさげて、ねりあるく若者もあれば、梅の小枝をかざして行く大宮人《おおみやびと》も見うけられます。この美しい都をしたって、人々は四方から集り、いつも市《いち》が立つ有様《ありさま》でした。

奈良の都が栄えたのは、国に力が満ち満ちたしるしであり、国民は、喜びの中に、国からの尊さをしみじみと感じました。そうして、元明天皇・第四十四代元正《げんしょう》天皇御二代の間には、太《おおの》安万侶《やすまろ》らの苦心《くしん》によって、いよいよ古事記《こじき》・日本書紀《にほんしょき》という国史の本が、りっぱにできあがりました。また、元明天皇の勅によって、国々からは、それぞれ地方の地理をしるした風土記《ふどき》という書をたてまつりました。

奈良の都が最も栄えたのは、第四十五代聖武《しょうむ》天皇の御代であります。奈良といえば、まず思い出される東大寺《とうだいじ》の大仏《だいぶつ》も、天皇のお造らせになったものであります。仏教を国のすみずみまでひろめて、国民をますます幸福《こうふく》にしたいとの思《おぼ》し召しから、国ごとに国分寺をお建てさせに

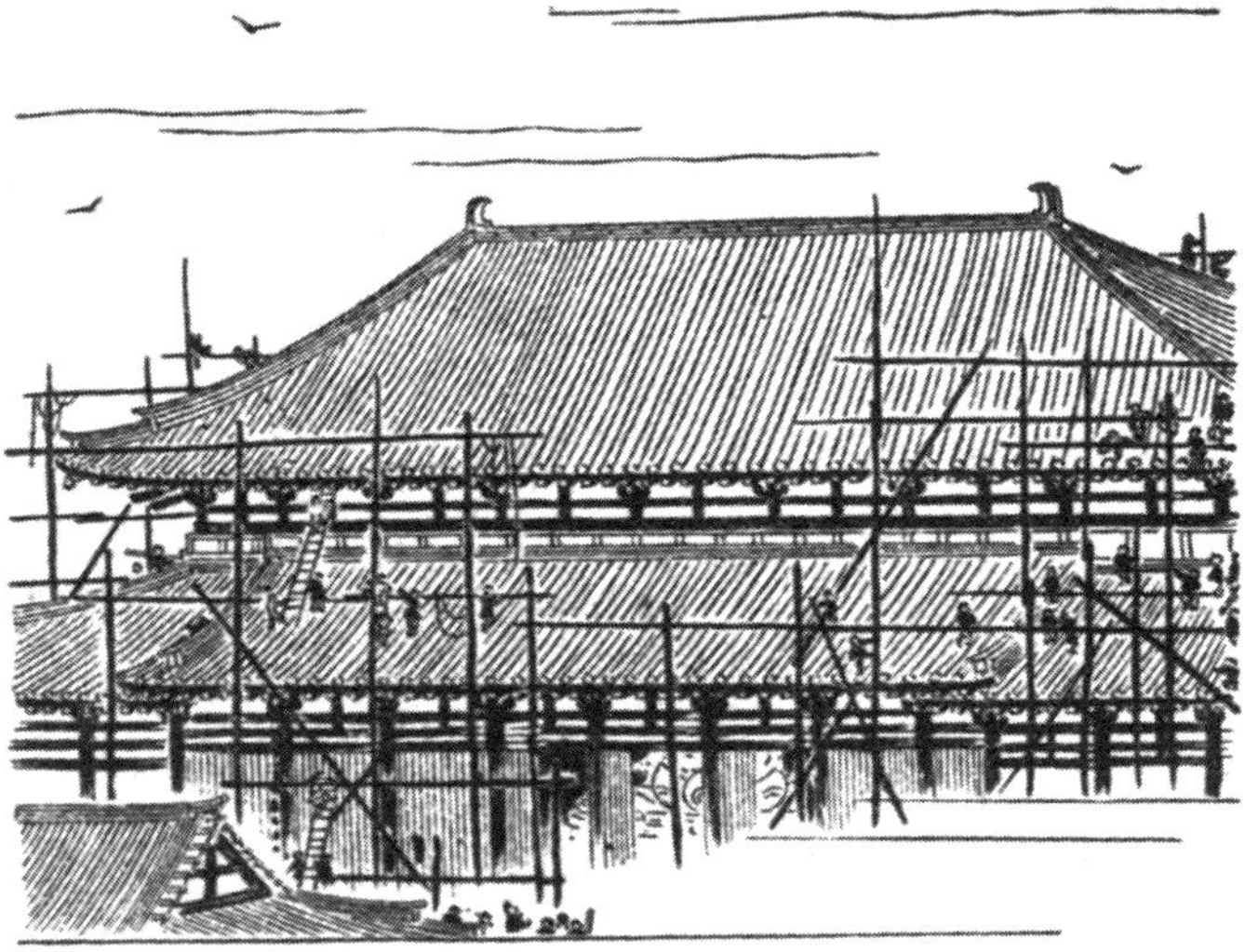

大仏殿の工事

なったのでありますが、東大寺は、大和の国分寺として、また日本の総国分寺として、従って大仏は、特にその本尊《ほんぞん》として、いかめしくお造らせになったのであります。国民は、先を争って金や銅や木材などをたてまつり、すぐれた職人が全国から集って、工夫《くふう》をこらし、工事にはげみました。しかも、大仏の高さは、五丈三尺を越え、大仏殿《でん》の高さは、十五丈余りという、すばらしいものですから、なかなかの大工事であり、難事業であります。仏像に用《もち》いる金が足《た》りなくて困っている時、陸奥《むつ》から金が出て、上下喜びに満ちたことさえあります。すっかりできあがるまでには、十年という長い年月がかかりました。大仏は世界第一の金銅仏《こんどうぶつ》で、大仏殿もまた、木造建築として、世界第一であります。今から千二百年の昔に、わが国では、こうした大工事を、もののみごとにしとげたのであります。今、大仏の前に立っ

国分寺のおもかげ

て、その大きな姿を拝する時、聖武天皇の御恵みを、さながらに仰ぐとともに、当時の人々のすぐれた腕前を、しのぶことができるのであります。
光明《こうみょう》皇后もまた、御《お》なさけ深いお方で、施薬院《せやくいん》や悲田院《ひでんいん》を建てて、身よりのない病人や、みなし児《ご》をおすくいになりました。こうした皇室の御恵みによって、奈良の都は、東大寺を始め多くの大寺をちりばめ、今を盛《さか》りと咲きほこる八重桜《やえざくら》のように、美しく栄えました。藤原《ふじわら》氏や大伴《おおとも》氏など、朝廷に仕える人々が、それぞれの役目にはげみ、民草《たみくさ》は、天地《あめつち》とともに栄える大御代をことほぎました。国中に元気が満ち、力があふれました。このころできた万葉集《まんようしゅう》という和歌の本には、若鮎《わかあゆ》のようにぴちぴちとした歌が、たくさん集っています。

　また地方の国分寺も、国府《こふ》と結び、その役人と助け合って、よく人々をなつけました。その遺物《いぶつ》・遺蹟《いせき》や「国分寺」という里の名が、今なお多く残っているのは、国分寺が国のしずめとして、よくその役目をはたした証拠《しょうこ》です。道を造り、橋をかけ、港を開くなど、地方のためにつくした僧も、行基《ぎょうぎ》を始め少くありません。

仏教が盛んになるにつれて、美術・工芸《こうげい》も、目だって進みました。寺々に伝わっている数々の仏像《ぶつぞう》や、東大寺境内《けいだい》の正倉院《しょうそういん》や、その中におさめられている聖武天皇の御物《ぎょぶつ》などは、すべてりっぱなものばかりです。それが、千二百年後の今日まで、そのまま保存《ほぞん》されているのは、わが国だけに見られることで、そこにも、わが国がらの尊さがしみじみと思い合わされるのであります。

二　遣唐使《けんとうし》と防人《さきもり》

第四十六代孝謙《こうけん》天皇の御代に、いよいよ大仏ができあがると、盛大《せいだい》な儀式がおこなわれ、全国から一万の僧が集ったほか、はるばる支那やインドからも、名僧が参列しました。また、正倉院の御物の中には、大陸の国々から伝来した、めずらしい品物があります。これらによってもわかるように、このころ東亜《とうあ》の交通《こうつう》は大いに開け、東海に位するわが国は、これら東亜の諸国に対して、堂々と交《まじわ》りをしていました。

荒波をしのいで

天武天皇のころから、半島・大陸の形勢《けいせい》もおちついて、国々の間がらは、よほどしたしくなって来ました。わが国は、唐へ遣唐使を送って威風を示《しめ》し、唐の使節もまた、たびたび来朝し、新羅も、前どおりみつぎ物をたてまつりました。奈良の御代御代には、往来が一だんと盛んで、遣唐使を出した回数も、このころがいちばん多かったようです。

遣唐使の一行は、留学生を加えて、五百人以上の人数でありました。難波《なにわ》から船を出して、博多《はかた》に寄り、東支那海を横ぎって大陸へ向かいます。当時の船は、外海の荒波を乗りきるのに、決して十分ではありませんでした。しばしば吹き流されたり、くつがえったり、まったく命がけの航海でありました。それでも、海外へのびようとするわが国民は、よくこの困難《こんなん》に打ちかち、その務《つと》めをはたしたのでありました。

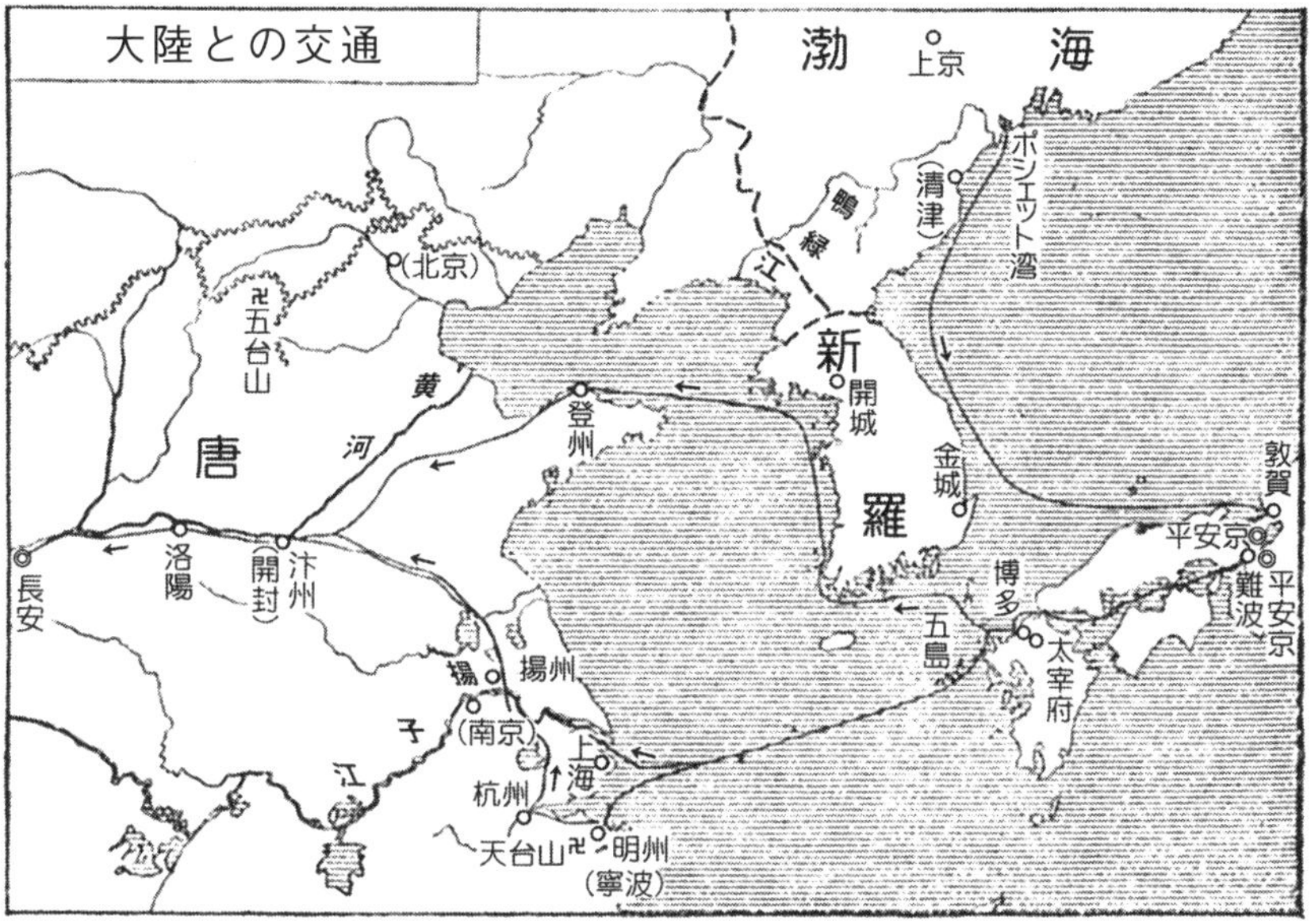

使節が唐へ行ってのふるまいも、まことにりっぱでありました。唐の国王が、使節の礼儀正しいのに感心して、日本の国がらをほめた話もあります。また、わが国の面目《めんもく》にかかわるような扱いを受けたため、相手を手きびしくやりこめた使節もあります。留学生の中でも、名高い阿倍仲麻呂《あべのなかまろ》は、わずか十六歳で支那へ渡り、その名を唐にとどろかしました。帰りに船が吹き流されて、なつかしい奈良をふたたび見ることができず、ついに大陸で一生を終りました。

聖武天皇の御代は、唐の最もはなやかな時でありましたが、やがて唐は、第四十七代淳仁《じゅんにん》天皇の御代に乱《らん》が起り、これをしずめるのに苦しみました。わが国から、わざわざ、弓を作る材料を送って、唐をはげまそうとしたほどです。

満洲には、元明天皇の御代に、渤海《ぼっかい》という新しい国が興《おこ》りましたが、この国の王もまた、わが国がらをしたって、聖武天皇の御代に使節を送り、ていねいな国書とめずらしいみつぎ物とを持たせてよこしました。渤海は、その後、国がほろびるまで約二百年の間、三十数回も使節を送って来ました。その使節の一行は、今のポシェット湾または清津《せいしん》附近から、敦賀《つるが》へ向かう航路を取り、日本海の荒波をしのいで来たのでありますす。朝廷では、いつも使節をあつくおもてなしになり、またわが国からも、答礼《とうれい》の使節をおつかわしになりました。

このように、奈良の御代御代には、東亜の国々がしたしく交って、共栄《きょうえい》の喜びを分っていました。しかし、わが国は、その間でも、決して国のまもりをおろそかにしなかったのです。

都や地方の役人たちは、御代の栄えをことほぎながらも、いったん事があれば、いっさいを捨てて、大君のために死ぬ覚悟をきめていました。大伴氏・佐伯《さえぎ》氏のように「海行かば水《み》づく屍《かばね》、山行かば草むす屍、大君のへにこそ死なめ」と、世々にいい伝えいい続けて来た武人の家もありました。こうした気持は、ただに文武の役人だけでなく、国民全体の心でありました。

筑紫《つくし》の防備に当る兵卒の防人にも、忠義の心は満ちあふれていました。かれらは、生まれ故郷の東国から、父母に別れ妻や子を置いて、はるばる筑紫へくだって行きました。二度と帰らぬ覚悟をきめ、大君のために、喜び勇んで旅立ったかれらは、来る日も来る日も筑紫の海を見つめて、少しのゆだんも見せなかったのでした。

喜び勇んで

奈良の御代御代は、こうして、平和のうちに過ぎて行きましたが、ここに思いがけないことが、国の中に起りました。それは、道鏡《どうきょう》という悪僧《あくそう》の無道なふるまいです。道鏡は、第四十八代称徳《しょうとく》天皇の御代に、朝廷に仕えて政治にあずかっていましたが、位が高くなるにつれて、しだいにわがままになり、ついに、国民としてあるまじき望みをいだくようになりました。すると、これもある不心得《え》者が、宇佐《うさ》八幡《はちまん》のおつげと称して「道鏡に御位をおゆずりになれば、わが国はいっそうよく治るでございましょう」と奏上しました。いうまでもなく、道鏡に対するへつらいの心からいい出した、にくむべきいつわりごとでありますが、天皇は、わざわざ和気清麻呂《わけのきよまろ》を宇佐へおつかわしになって、神のおつげをたしかにお聞かせになりました。

清麻呂の奏上

宇佐から帰った清麻呂は、天皇の御前《おん》に進んで、道鏡にはばかるところなく、きっぱりと、こう申しあげました。

「わが国は、神代《かみよ》の昔から、君臣《くんしん》の分が明らかに定まっております。それをわきまえないような無道の者は、すぐにもお除きになりますように。これが宇佐の神のおつげでございます」

なみいる朝臣は、すくわれたように、ほっとしました。あたりは水を打ったような静けさです。清麻呂のこの奏上によって、無道の道鏡は面目をうしない、尊いわが国体は光を放ちました。しかも、清麻呂のかげに、姉広虫《ひろむし》のなさけのこもった、はげましがあったことも、忘れてはなりません。やがて第四十九代光仁《こうにん》天皇の御代に、道鏡は下野《しもつけ》の国へ流され、清麻呂は、朝廷に重く用いられるようになりました。

宇佐の神勅《しんちょく》を受けて国をまもった清麻呂も、千万《ちよろず》の寇《あた》を筑紫の海にとりひしごうとする防人も、忠義の心は一つであります。清麻呂は、広虫とともに、京都の護王《ごおう》神社にまつられ、その銅像は、宮城のお堀の水に、静かに影をうつして、いつまでも皇国をまもっているのであります。

第四　京都《きょうと》と地方《ちほう》

一　平安京《へいあんきょう》

国内を治めるにも、外国と交《まじわ》りをするにも、青山にこもる奈良の都は、だんだん不便《ふべん》だと、思われるようになりました。そこで第五十代桓武《かんむ》天皇は清麻呂《きよまろ》の意見をもおくみになって、今の京都の地に、都をおうつしになりました。紀元一千四百五十四年、延暦《えんりゃく》十三年のことであります。

この地は、三方に美しい山をひかえ、しかも東西の諸《しょ》地方との往来も便利《べんり》である上に、淀《よど》

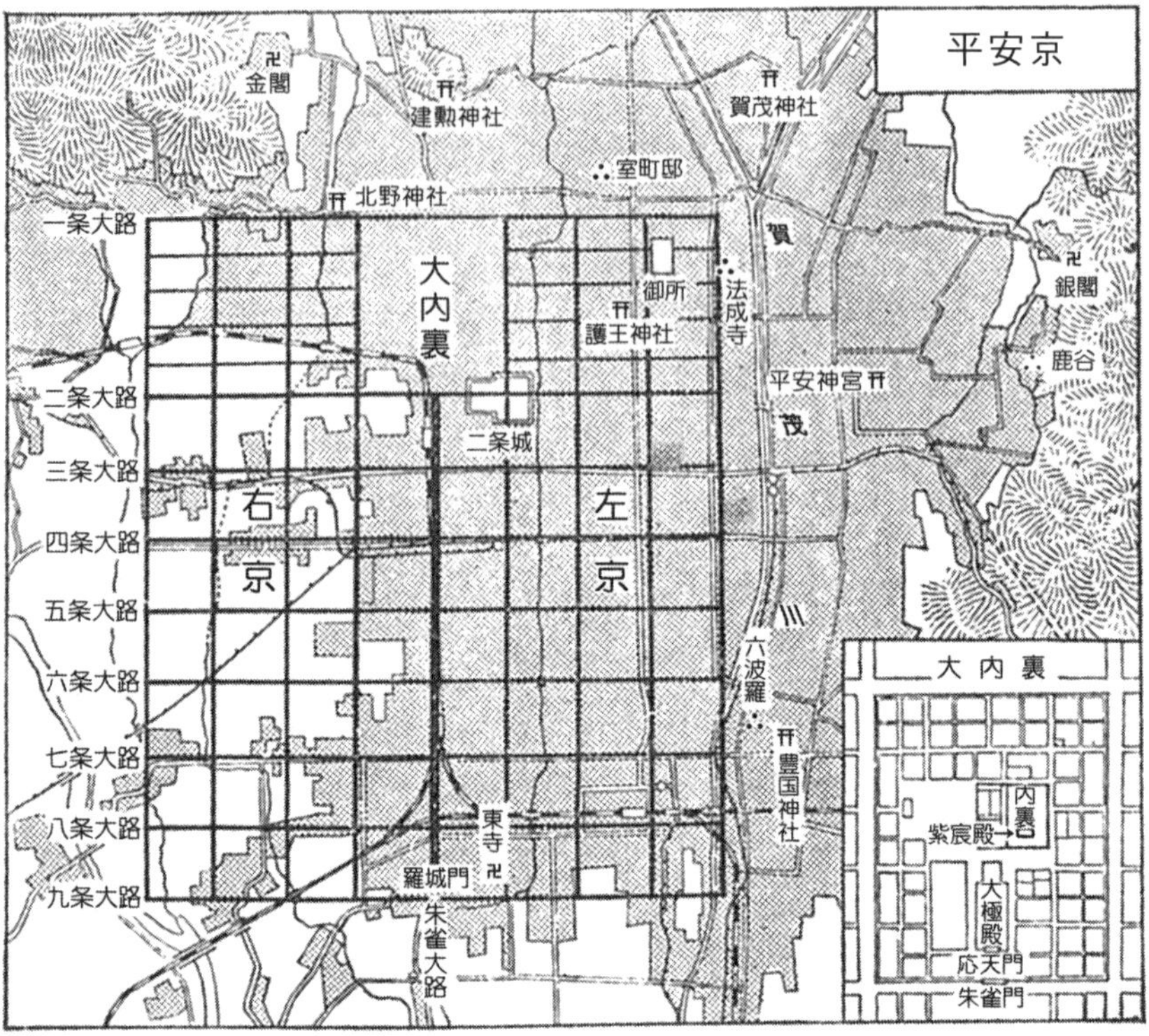

川《がわ》・琵琶湖《びわこ》によって、大阪や敦賀《つるが》の港に出やすく、のびゆく日本の都として、まことにふさわしいところでした。都の構《かま》えは、平城京《へいじょうきょう》よりさらに大きく、山川の眺めもまた、奈良にまさるものがありました。四方から集って来た人々は、すがすがしい新都を祝って、平安京とほめたたえました。思えば、桓武天皇から第百二十一代孝明《こうめい》天皇まで、およそ一千年の間、御代御代の天皇は、ここにましまして、国をお治めになったのであります。この間、世の中がどんなに変っても、京都は日本の中心であり、京といえば京都をさす習わしも、この間にできました。今、東山《ひがしやま》のふもとに近く、青瓦《あおがわら》の屋根、朱《しゅ》

大極殿

ぬりの柱も美しい、大極殿《だいごくでん》にかたどった平安神宮《へいあんじんぐう》には、桓武天皇と孝明天皇の御二方《おんふたかた》がおまつりしてあります。

桓武天皇は、平安京におうつりになると、かねてのお考えどおり、いろいろ政治《せいじ》をお改めになりました。特に御《み》心をお用《もち》いになったのは、地方の政治であります。わが国は、西に大陸をひかえていますので、地方の政治も、西と東とでは、力の入れ方に、昔から多少のちがいがありました。従って西の国々は、わりあい早くから開けましたが、東の方は、とかくおくれがちでありました。奥羽《おうう》地方の日本海方面は、斉明天皇のころから、しだいに治り、太平洋方面は、聖武天皇のころ、仙台《せんだい》あたりまで開けましたが、その北の一たいが、まだそのままで、その地の蝦夷《えぞ》が、しばしばそむきます。そこで桓武天皇は、坂上田村麻呂《さかのうえのたむらまろ》を征夷大将軍《せいいたいしょうぐん》に任じて、この蝦夷を

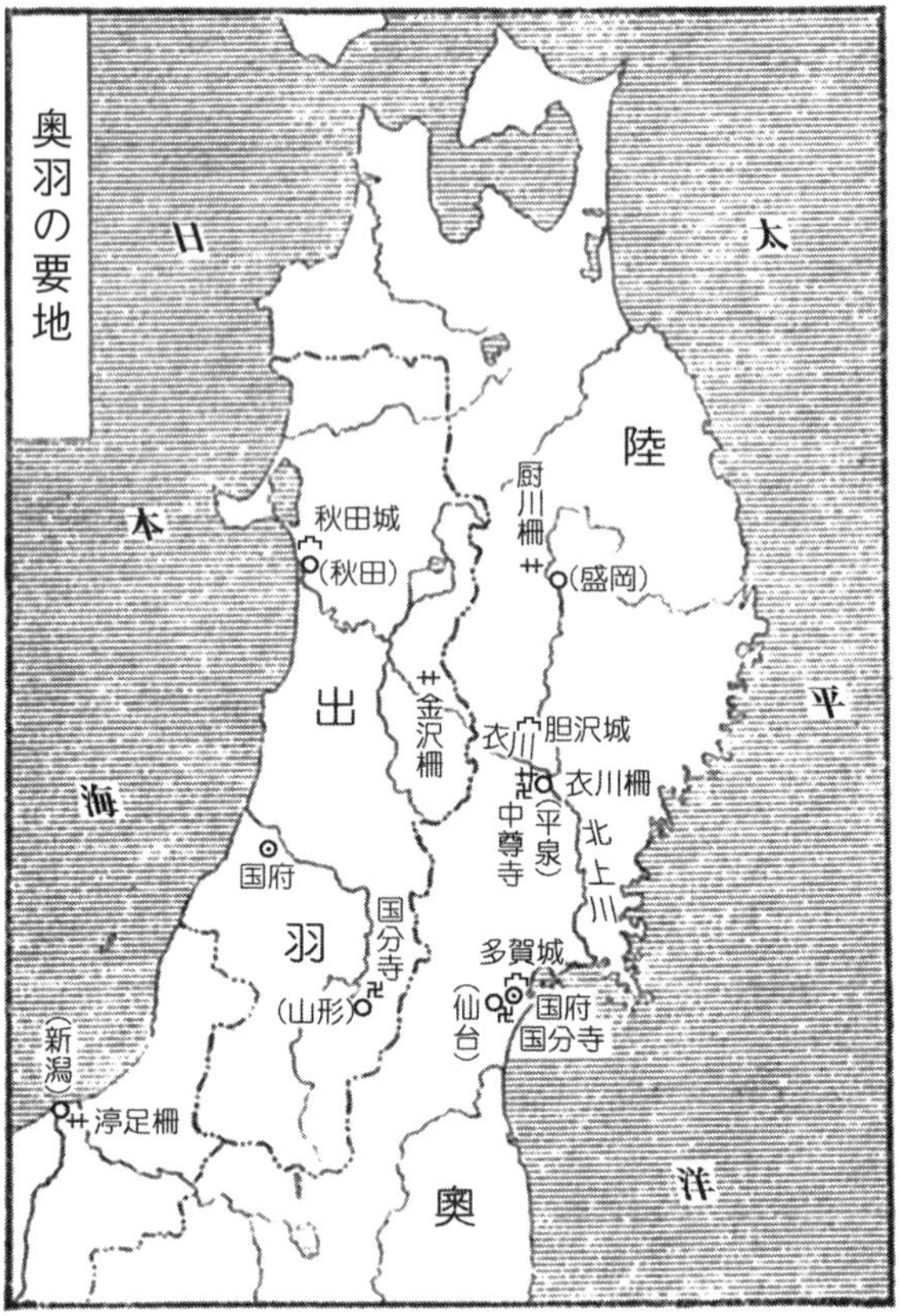

お討たせになりました。田村麻呂は、武勇にすぐれ、なさけも深い、りっぱな武将でありました。従うものはゆるし、手むかうものは討ち従えて、今の岩手《いわて》県のあたりまで進み、胆沢城《いざわじょう》を築いて兵をとどめ、めでたく凱旋《がいせん》しました。ながらくの間、ついたり離れたりしていた蝦夷も、これからまったく、しずまるようになりました。

一方、朝廷では、蝦夷に対して、田地《でんじ》を授け、農業や養蚕《ようさん》の方法を教え、地方の役人にとりたてるなど、いろいろこれをお恵みになりました。また関東地方や中部地方の人々で、奥羽に移り住み、蝦夷をみちびいて、山林《さんりん》や荒地を切り開いたものも、少くありません。蝦夷もまた、皇威をしたって、少しでも都に近く住もうとするものが、しだいにふえて来ました。こうして蝦夷は、だんだんりっぱな国民となり、中には防人《さきもり》として忠義をつくす勇士さえ、出るように

多賀のとりで

なりました。

天皇はまた、新しい仏教《ぶっきょう》を興《おこ》して、世の中に役だつようにしたいとお考えになりました。そこで、最澄《さいちょう》と空海《くうかい》とをお選《えら》びになり、唐《とう》へ渡って仏教を研究《けんきゅう》して来るよう、お命じになりました。どこまでも国のためになる、新しい仏教を興そうという意気にもえて、二人は、熱心に唐で勉強しました。最澄は、帰朝《きちょう》すると、比叡山《ひえいざん》の延暦寺を都のまもりとし、天台宗《てんだいしゅう》を開いて、多くの弟子《でし》たちに勉強させました。空海もまた、高野《こうや》山《さん》に金剛峰寺《こんごうぶじ》を建てて、真言宗《しんごんしゅう》をひろめ、京都に学校を開いて、身分の低いものでも勉強のできるようにし

万農池

ました。こうして、二人とも、寺を奥ぶかい山の上に建て、弟子たちと一しょに修行《しゅぎょう》にはげみましたので、仏教は面目《めんもく》を一新することになりました。

最澄・空海は、また国々をまわって、地方の開発に力をつくしました。空海が讃岐《さぬき》の国に造《つく》った万《まん》農池《のうのいけ》は、今にいたるまで、その地の農業に役だっています。朝廷では、二人の功をおほめになって、その死後、最澄には伝教大師《でんぎょうだいし》、空海には弘法大師《こうぼうだいし》の号《ごう》をお授けになりました。

支那では、このころ唐がおとろえ始めたので、大陸との交通《こうつう》も、前ほど盛《さか》んでなくなって来ましたが、しかも尊い御《おん》身を以て、支那ばかりか、遠くマレー方面までおでかけになったお方があります。それは、桓武天皇の御孫真如親王《しんにょしんのう》で、親王は、はじめ空海から仏教をおまなびになり、第五十六代清和《せいわ》天皇の御代には、唐へ渡って、その研究をお深めになりました。その後、さらに、唐からインドへおいでになろうとして、広東《かんとん》を御《ご》出発になりました。御《おん》よわいも、すでに高くいらせられながら、遠く異郷《いきょう》にお出ましになった御《おん》心、思えばまことに尊くかしこききわみでありますが、不幸《ふこう》にも、途中でおなくなりになりました。土地の人々は、日本の尊いお方であると知って、てあつく御《お》とむらい申しあげたと伝えています。

二　太宰府《だざいふ》

桓武天皇ののちも、御代御代の天皇は、新しい法令や制度を作って、政治をおひきしめになりました。国は都の名のごとく、安らかに治りました。こうして五十年ほどたつ間に、鎌足《かまたり》以来の功によって、藤原《ふじわら》氏の勢が、目だって盛んになりました。やがて清和天皇のころから、藤原氏は、摂政《せつしょう》または関白《かんぱく》という高い官職に任じられ、政治を思うままに動かすようになりました。

第五十九代宇多《うだ》天皇は、このわがままな藤原氏によって、政治がみだれることを御《ご》心配になり、家がらよりも人物のすぐれた菅原道真《すがわらのみちざね》を重くお用いになりました。道真は、真心ふかく親《しん》切《せつ》で、その上なかなか賢い人でありました。学問はよくできるし、歌や詩も上手でありました。朝廷に仕えてからも、国史の本を作ったり、遣唐使《けんとうし》をやめることを奏上したり、なかなかすぐれた意見を示《しめ》しました。特に遣唐使については、このころ、唐がすっかりみだれていましたので、支那のことを研究することは、まったくむだなことだと見てとったからです。

やがて第六十代醍醐《だいご》天皇が、御年十三歳で御位におつきになり、御父宇多天皇の御志《みこころざし》をおつぎになって、道真を右大臣《うだいじん》という高い官にお進めになりました。藤原氏は、時平《ときひら》が左大臣《さだいじん》に任じられましたが、年も若く、学問からいっても、はたらきからいっても、道真にはかないません。従って、天皇の御《ご》信任も人々の評判《ひょうばん》も、しぜん道真に集ります。時平は、それがだんだんねたましくなり、とうとう、仲間のものとわるだくみをして、道真を太宰府へうつし、都から遠ざけてしまいました。

道真がいよいよ筑紫《つくし》に旅立つ時のことです。正月というのに、その館《やかた》だけは、深い悲しみに包まれていました。庭には、日ごろ愛する梅が、今を盛りと清らかな香を放っています。風もないのに、一ひら二ひら、やり水の上にこぼれて、静かに流れて行きます。

東風《こち》吹かばにほひおこせよ梅の花
　あるじなしとて春を忘るな

一首《しゅ》の歌に心をのべた道真は、気をとりもどして、旅支度を整えました。

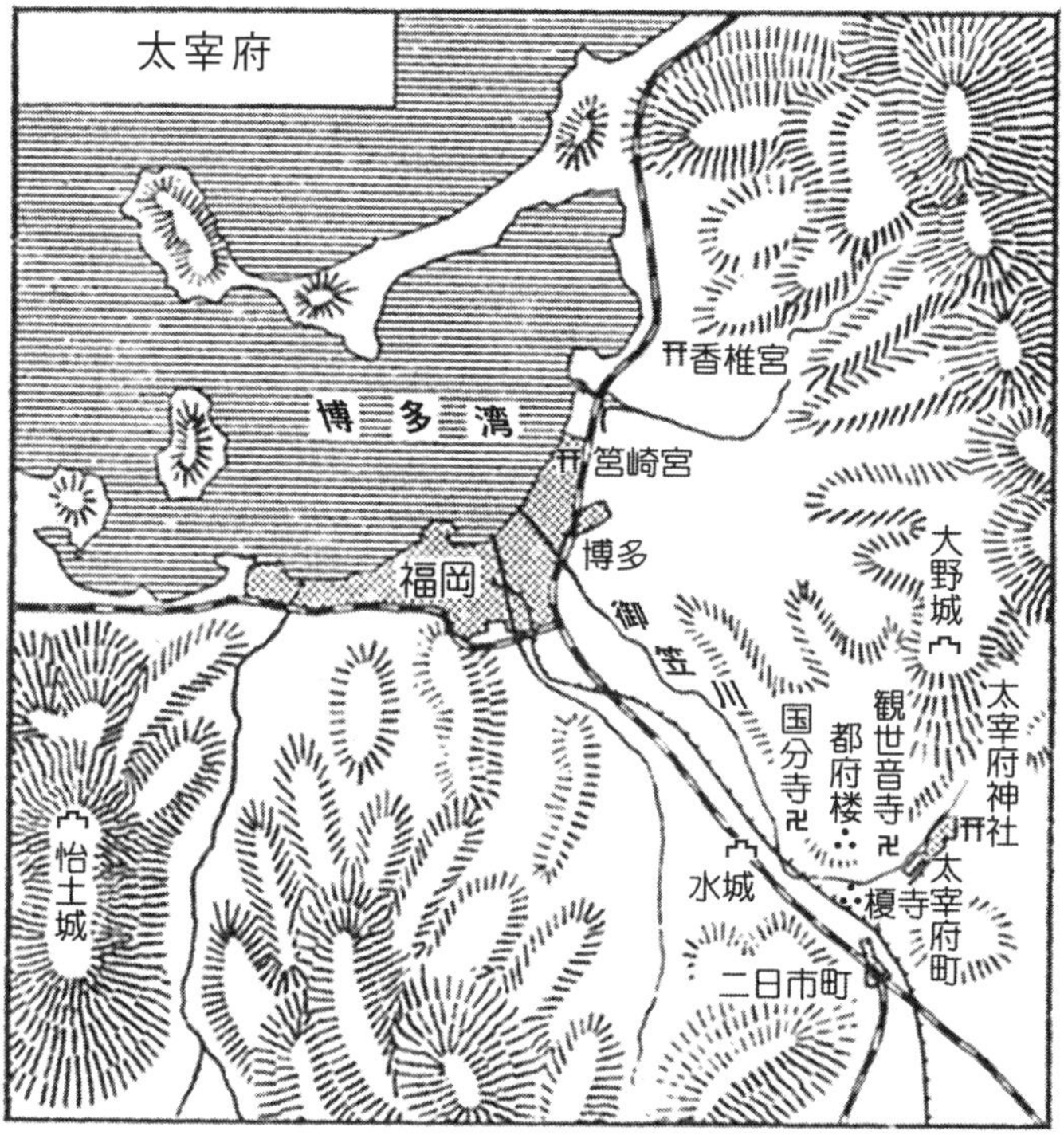

太宰府といえば、九州の政治や大陸との外交をつかさどる重要な役所であり、いざという場合には、敵を防ぐ第一線でもありました。しかし、このころでは、久しく太平が続き、従って前ほどの威勢もありません。それに道真は、ほんの名ばかりの役目で、ここへうつされたのです。はたらきのある道真にとって、十分な御《ご》奉公のできないのは、どれほどさびしいことだったでしょう。道真は、毎日一室に閉じこもったまま、ただ天皇の御《おん》事ばかり、心におしのび申しあげていました。

太宰府の秋もふけて、すすきの穂がゆらぐ道真の住居《すまい》にも、菊の節供《せっく》がおとずれて来ました。ちょうど一年前の今日、

都の思い出

道真は、菊見の御宴《ぎょえん》に詩をたてまつり、おほめにあずかって、御衣《ぎょい》をたまわったのでした。これを思うにつけても、今さらのように、君恩《くんおん》のかたじけなさが、ひしひしと身にせまって、涙がとめどなく流れました。うやうやしく恩賜《おんし》の御衣をささげ、真心を詩にのべて、しばし都の思い出にふけりました。

太宰府に三年ばかりいた道真は、五十九歳でなくなりました。道真のお案じ申しあげた都も、国々もよく治って、まことに安らかでありました。世に延喜《えんぎ》のみかどと申しあげる醍醐天皇の御徳《おんとく》は、申すもおそれ多いほどで、天皇は、ともし火もこおるばかりの寒い冬の夜に、御衣をおぬぎになって、まずしい人々の心を、お思いやりになったことさえあります。時平たちのわるだくみも、時がたつにつれて、わかって来ました。天皇は、道真

太宰府の遺蹟

をもとの右大臣にかえし、特に正二位をお授けになりました。

人々もまた、道真をうやまって天神《てんじん》とあがめ、第六十二代村上《むらかみ》天皇の御代には、京都の北野《きたの》に、社が建てられました。第六十六代一条《いちじょう》天皇は、この社に行幸《ぎょうこう》あらせられ、また正一位・太政大臣《だじょうだいじん》をお授けになりました。地方でも、太宰府はいうまでもなく、国々いたるところに社を建てて、梅の花のようにけだかい道真の真心や一生の行《おこな》いを、うやまいあがめました。

今、太宰府神社にお参りして、道真の真心をしのび、さらに歩《あゆ》みをうつして西の方へ行くと、道真の配所、榎寺《えのきでら》を始め、数々の遺蹟《いせき》が、遠い歴史を物語《ものがた》るかのようです。太宰府の役所の礎石《そせき》や国分寺のあと、それに水城《みずき》の堤《つつみ》までが、古いおもかげを見せて、太宰府の移り変りを、ありありとしのぶことができるのであります。

三　鳳凰堂《ほうおうどう》

太宰府といえば、第六十八代後一条《ごいちじょう》天皇の御代に、ここの役人であった藤原隆家《たかいえ》が、九州に攻め寄せた刀伊《とい》という外敵を打ち払って、大きなてがらを立てたことがあります。都は、藤原氏全盛《ぜんせい》のころで、頼通《よりみち》が関白に任じられ、父道長《みちなが》のために、法成寺《ほうじょうじ》というりっぱな住居を建てました。それが、刀伊を打ち払ったのと同じころです。道真がなくなってから、もう百年余りたって、世の中もずいぶん変っていました。

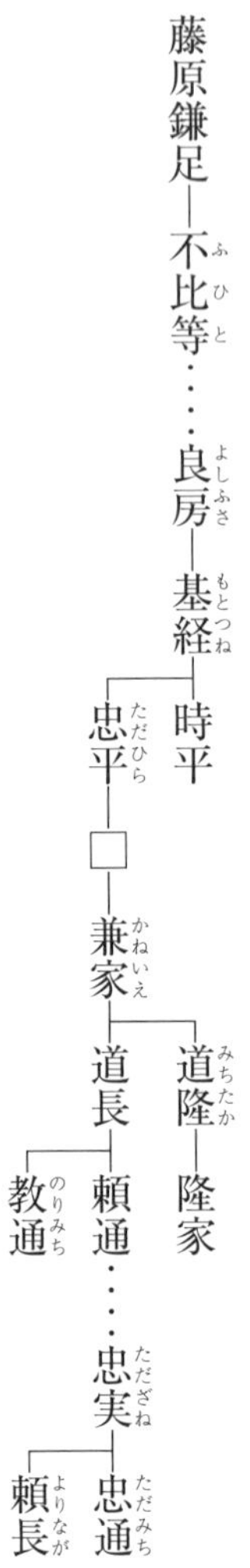

醍醐天皇の御代、唐と渤海《ぼっかい》が相ついでほろび、次の第六十一代朱雀《すざく》天皇の御代には、新羅《しらぎ》もほろびました。わが国と大陸諸国との長い間の交りも、ここで、ひとまず絶えてしまいました。

このころ都では、藤原氏が、朝廷の主《おも》な官位をひとりで占《し》めていましたから、ほかの諸氏で、はたらきのある人たちは、だんだん地方の役人になりました。こうなると、藤原氏は、すっかり気をゆるめて、政治にはげもうとしません。春は花、秋は紅葉《もみじ》にくらして、生活は、はでになるばかりです。一族だけ威勢がよくなると、今度は親子・兄弟が、たがいに勢を争《あらそ》うようにさえなりました。

こうして、藤原氏は栄《さか》えに栄えましたが、一条天皇・第六十七代三条《さんじょう》天皇・後一条天皇の御《ご》三代に仕えた道長と、後一条天皇・第六十九代後朱雀《ごすざく》天皇・第七十代後冷泉《ごれいぜい》天皇の御三代に仕えた頼通とが、いわば藤原氏の最もはなやかな時でありました。道長は、家門《かもん》の栄えに満足して、これを望月《もちづき》にたとえたほどでした。法成寺は、その後あとかたもなく焼けてしまいましたが、当時書かれた本によって見ると、実にすばらしいものであったことがわかります。

中央の政治がゆるむと、地方は地方で勝手になり、世の中が、だんだんみだれて来ます。山賊や海賊がはびこり、役人の中には、人々をなつけ、武芸《ぶげい》をねらせて、賊に備《そな》えるものもありました。自分らの手で、地方の乱《らん》をしずめるために、家来を集め武芸をねる。こうしたことから、武士というものが起るようになりました。中でも源氏と平家は、もともと家がらがよく、主となる者は、人がらもりっぱで、なさけが深く、従って、部下がよくなつきました。かれらは、それぞれ地方をしずめて功を立て、それとともに、勢はしだいに盛んになって行きます。

鳳凰堂

刀伊が攻め寄せたのは、都の人の心がゆるみ、地方の政治も振るわない時のことでしたが、しかも、よくこれを退《しりぞ》けることができたのは、筑紫の武士がふるいたったからです。

頼通の生活も、道長同様《どうよう》はなやかなものでした。かれもまた、宇治《うじ》に平等院《びょうどういん》を建てましたが、その一部分の鳳凰堂が今に残って、藤原氏の栄華《えいが》をしのばせています。なだらかな屋根の勾配《こうばい》、すらりとのびた左右の翼廊《よくろう》、なるほど、鳳凰が大空を飛んでいるような、美しい建物です。御《み》堂の中にはいると、本尊《ほんぞん》を始め、扉《とびら》の絵や欄間《らんま》の彫刻《ちょうこく》など、何一つとして、やさしく美しい感じを与えないものはありません。じっと見つめていると、藤原氏の栄華よりも、これを作った人々のたくみなわざに、おどろかされます。そうして、どうしてこのころ、こういうりっぱなものが作れるようになったかを、考えさせられ

紫式部

ます。

遣唐使がやめられてから、人々は、今までより、もっと日本人の精神にしっくり合うものを、作ろうとするようになりました。かな文字《もじ》がひろまり、和歌や物語《ものがたり》などが発達したのは、みなこうした心や努《ど》力《りょく》の結果《けっか》であります。その中には、紫式部《むらさきしきぶ》の作った源氏物語のように、世界にすぐれた文学もあります。絵や彫刻や建物なども、だんだん日本人の心に合うものになりました。鳳凰堂は、建物を始め、中のすぐれた仏像《ぶつぞう》そのほか、いっさいをくるめて、いわば美しい博物館であります。すべて、古く支那やインドから伝わった習わしも、このころまでに、生まれかわったように、日本らしい美しさを見せるようになりました。

はなやかな都の生活も、一面には、こうしたよいものを残していますが、ただ藤原氏が政治を怠った

後三条天皇の御学問

のは、まことに困ったことでありました。平等院ができたのは、ちょうど、奥羽で安倍《あべ》氏がそむき、源《みなもとの》頼義《よりよし》が、朝廷の命を受けて、これをしずめるために戦っている、前九年《ぜんくねん》の役《えき》の真最中のことです。

やがて第七十一代後三条《ごさんじょう》天皇が、御位におつきになりました。天皇は、世のなりゆきを深く御心配になり、御《おん》みずから政治をおとりになりました。たびたび藤原氏をおいましめになり、ゆるんだ政治を立て直そうと、おつとめになりました。おそれ多くも、倹約《けんやく》の模範《もはん》をお示しになり、日々の御膳部《ごぜんぶ》にまで、御心をお配りになったと伝えられています。石清水《いわしみず》八幡宮《はちまんぐう》に行幸の御時《おんとき》など、奉迎者《ほうげいしゃ》の車のはでな金具《かなぐ》に、お目をとめさせられ、その場で、これをお取らせになったこともありました。しぜん役人たちは、心をひきしめて務《つと》めにはげみ、さすがの頼通も、おそれ入って、関白の職を退き、平等院へ隠居《いんきょ》してしまいました。しかし天皇は、わずか五年で御位を第七十二代白河《しらかわ》天皇におゆずりになり、まもなく、まだ四十の御年で、おかくれになりました。

白河天皇もまた、後三条天皇の御志をおつぎになって、御みずから政治をおとりになりました。御位をおゆずりになってからも、院で政務をおさばきになったので、摂政・関白の職も、名ばかりとなり、藤原氏の勢は、どんどんおとろえて行きました。

第五　鎌倉武士《かまくらぶし》

一　源氏《げんじ》と平家《へいけ》

藤原氏《ふじわらし》がおとろえると、代って武士の勢が盛《さか》んになって来ました。武士は、身分が低くても、まじめで勇気もあり、よいと思ったことは、かならず実行する力を持っていました。朝廷では、地方に乱《らん》が起ると、武士にこれをおしずめさせになり、そのてがらが重なるにつれて、しだいに重くお用《もち》いになりました。こうして、まず名をあらわした武士は、東国の源氏です。

東国といえば、防人《さきもり》などを出して、古くから、武勇にすぐれた土地でした。また、ひろびろとした野原や、良馬《りょうば》を産する牧場《ぼくじょう》が多いため、武士が武芸《ぶげい》をねるのに、きわめて都合のよいところでした。それに、京都から遠いので、都のはなやかな風にそまることも少く、剛健《ごうけん》な気風《きふう》が満ちていました。こうした土地にそだった、勇敢《ゆうかん》な武士の頭《かしら》として、源氏の家名をあげる基《もとい》を作ったのは、源義家《みなもとのよしいえ》であります。

清和天皇―貞純《さだずみ》親王―源経基《つねもと》―満仲《みつなか》
- 満仲―頼光《よりみつ》……頼政
- 満仲―頼信《よりのぶ》―頼義
  - 頼義―義家―義親《よしちか》―為義
    - 為義―義朝
    - 為義―為朝
  - 頼義―義光《よしみつ》―義国《よしくに》

義家は、前九年の役《えき》に、十七歳の若さで、父頼義《よりよし》に従って出征し、早くも、数々のてがらを立てました。きびしい寒さと大雪、それに兵糧《ひょうろう》の不足になやまされて、ついに敵の重囲《じゅうい》におちいり、父の身も危いと見えた時「清和天皇六代の後裔《こうえい》、陸奥守《むつのかみ》源頼義の嫡男《ちゃくなん》、八幡太郎《はちまんたろう》義家」と、名乗りも勇ましく、むらがる敵を射倒して、血路《けつろ》を開いたこともあります。また、敵将貞《さだ》任《とう》を追いつめながら、歌のやりとりに、あっぱれなおちつきぶりを示《しめ》し、敵をあわれんで、いったんこれを逃がしてやったという、ゆかしい話もあります。

白河天皇の御代に、またまた奥羽《おうう》がみだれた時（後《ご》三年の役）、陸奥守であった義家は、源氏の総大将として、堂々と再征《さいせい》の駒《こま》を進めました。あるいは、剛臆《ごうおく》の座を作って、将士の勇気をふるいたたせ、また寒さにこごえた部下を、身を以てあたため、あるいは、雁の列のみだれ

を見て、伏兵《ふくへい》がいることを察《さっ》するなど、よく名将のほまれをかがやかしました。「勇将のもとに弱卒《じゃくそつ》なし」といいますが、十六歳の鎌倉権五郎景正《かまくらごんごろうかげまさ》が、大人も及《およ》ばないてがらを立てたのは、この時のことです。乱が平ぐと、義家は、わざわざ自分の財産《ざいさん》を分け与えて、部下をいたわり

金色堂

ました。東国の武士は、その恩に感じて、源氏のためなら、身を捨ててもかまわないと、思うようになりました。

　みだれにみだれた奥羽も、これですっかりしずまって、この役で義家を助けた藤原清衡《きよひら》が、治めることになりました。清衡は、都の風をうつして平泉《ひらいずみ》をいとなみ、ここを奥羽の中心としました。今に残る中尊寺《ちゅうそんじ》の金色堂《こんじきどう》は、第七十五代崇徳《すとく》天皇の御代に、清衡が建てたものです。

　平家の勢が盛んになり始めたのは、崇徳天皇の御代に、忠盛《ただもり》が瀬戸内海《せとないかい》の海賊を平げたころからです。その後、二十年ばかりの間に、平家は西国《さいごく》を根城にして、めきめきと勢をのばし、源氏と並んで朝廷に用いられるようになりました。もうこのころ、藤原氏は昔の威勢を失って、やっとその地位をたもっているだけです。しぜん、勢を得《え》た源氏と平家とが、京都でにらみ合うことになりました。

桓武天皇―葛原《かつらはら》親王―高見《たかみ》王―平高望《たかもち》……忠盛―清盛―重盛―維盛
　　　　　　　　　　　　　　　　　　　　　　　　　　　　　　清盛―宗盛
　　　　　　　　　　　　　　　　　　　　　　　忠盛―経盛《つねもり》―敦盛

やがて第七十七代後白河《ごしらかわ》天皇の御代に、保元《ほうげん》の乱が起ると、源氏は、武運つたなく為義《ためよし》・為《ため》朝《とも》を失って、忠盛の子清盛《きよもり》のひきいる平家が、源氏をしのぐ勢となりました。さらに第七十八代二条《にじょう》天皇の御代に起った平治《へいじ》の乱で、源氏は、平家のために、またまた一族の要《かなめ》であった義《よし》朝《とも》を失い、ちりぢりばらばらになってしまいました。こうして平家は、その全盛期《ぜんせいき》を迎えたのです。

清盛は、朝廷に重く用いられて、第七十九代六条《ろくじょう》天皇の御代には、太政大臣《だじょうだいじん》に進み、一族のものも、それぞれ高い官位にのぼりました。一門の領地は、三十余国にまたがり、中には「平家でないものは人でない」などと、いばるものさえ現れました。まったく、平家の勢は、わずかの間に、藤原氏の全盛期をしのぐほどになりました。

思いあがった清盛は、勢の盛んなのにまかせて、しだいにわがままをふるまうようになり、

重盛の真心

一族のものもまた、これにならいました。ただ長男の重盛《しげもり》だけは、忠義の心があつく、職務にもまじめな人で、平家が栄《さか》えるのも、まったく皇室の御恵《み》みによるものであることを、よくわきまえていました。つねに、父清盛のふるまいに深く心をいため、皇恩のありがたさを説《と》いて、父のわがままを直そうとつとめました。清盛が、おそれ多くも、後白河法皇《ほうおう》をおしこめたてまつろうとした時、重盛は死を覚悟して、その無道をいさめました。惜しいことに、その重盛は、父に先だって、なくなりました。こののち、清盛のわがままは、いよいよつのるばかりです。人々の心も、しだいに平家から離れて行きました。源氏のみかたは、諸国《しょ》にかくれて、平家をほろぼす機会をねらっていました。

第八十一代安徳《あんとく》天皇の治承《じしょう》四年に、まず源頼政《よりまさ》が、後白河法皇の皇子以仁王《おうじもちひとおう》を奉じて、兵を挙《あ》げました。すばやい平家の攻撃にあって、頼政は、惜しくも宇治《うじ》でたおれ、以仁王は、流矢にあたって、おなくなりになりました。しかし「平家を討て」との王の御《ご》命令は、水に投《とう》じた波紋のように、国々の源氏へひろがって行きました。

二　富士《ふじ》の巻狩《まきがり》

以仁王の御命令が東国に伝わると、源義朝の長男頼朝《よりとも》が、まずふるいたちました。頼朝は、平治の乱で源氏がやぶれた時、十四歳で伊豆《いず》へ流され、その後二十年余り、父のうらみをはらす日の来るのを待っていたのです。

いよいよ、その時が来ました。かねて、源氏に心を寄せていた東国の武士も、頼朝の旗あげを聞き伝えて、続々と集って来ます。頼朝は、これらの兵をひきいて相模《さがみ》にうつり、源氏と縁《えん》の深い鎌倉を根城にしました。ちょうどそのころ、一族の木曾義仲《きそよしなか》も、信濃《しなの》で兵を挙げ、源氏の意気は、大いにあがりました。

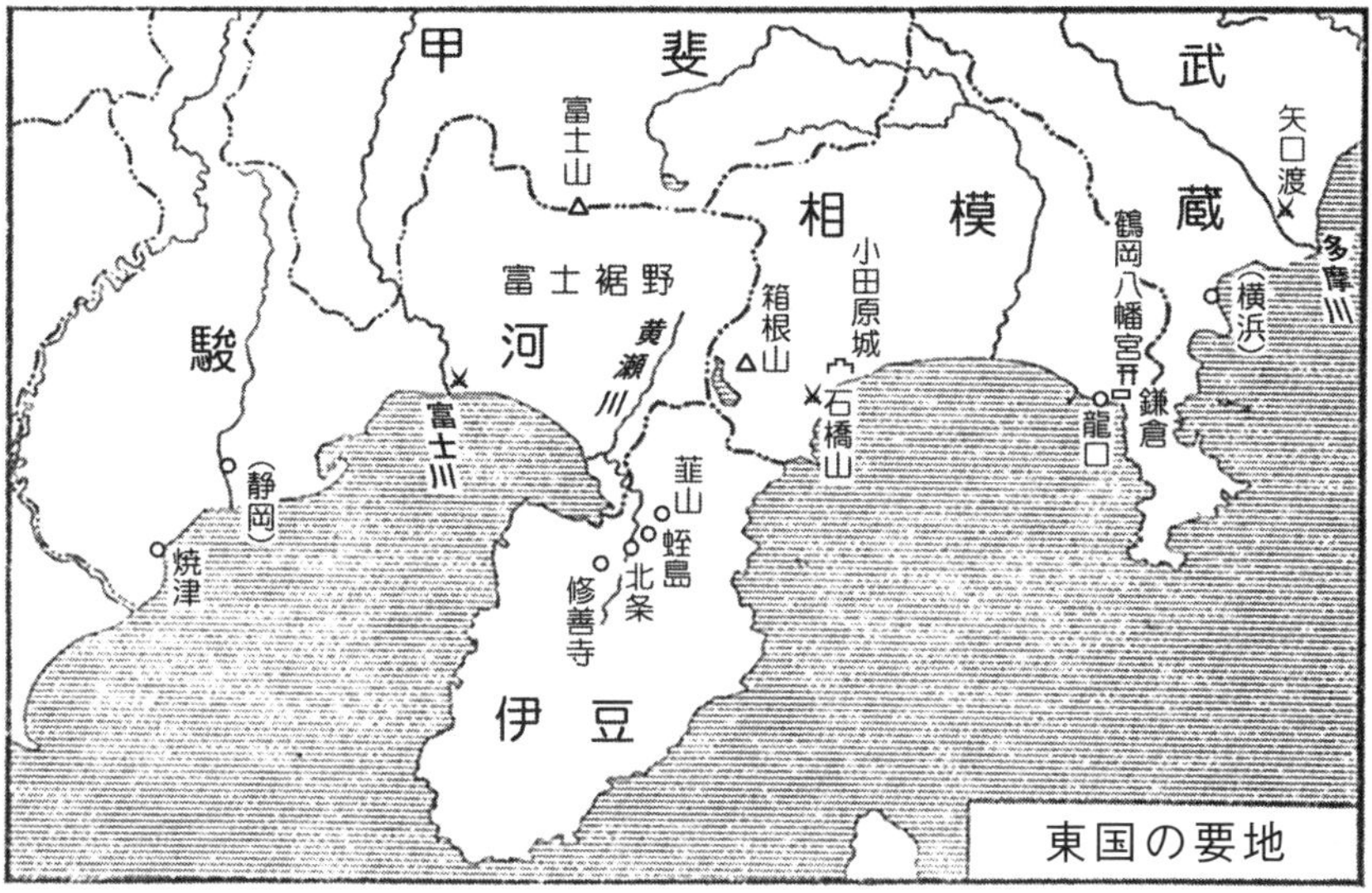

東国の要地

おどろきあわてた清盛は、ただちに孫の維盛《これもり》に大兵を授けて、鎌倉へ向かわせました。頼朝の軍勢も、鎌倉をたちました。東へ向かう平家の赤旗、西へ進む源氏の白旗、この両軍は、富士川をはさんで相対しました。ある夜のこと、源氏の一隊が、敵の不意をつこうとして、ひそかに川を渡り始めますと、あたりの沼《ぬま》で眠っていた水鳥が、びっくりして、一度にばっと飛びたちました。おどろいたのは、平家の軍勢です。それ敵の大軍が押し寄せたとばかり、弓矢を捨てて、逃げ足早く都へ帰りました。戦わずして、まず勝った頼朝は、黄瀬川《きせがわ》まで陣をかえして、しばらくようすを見ることにしました。弟の義経《よしつね》が、はるばる奥羽からかけつけたのは、この時のことです。京都では、やがて清盛が死んで、宗盛《むねもり》が後をつぎ、さしもの平家も、いよいよ落ち目になって来ました。

木曾義仲の勢も、一時はなかなか盛んでした。越《えっ》中《ちゅう》の倶利伽羅峠《くりからとうげ》で、維盛の大軍を撃ち破ると、義仲は、一気に京都へせまりました。浮き足だった平家の一族は、宗盛にひきいられて、住みなれた都を後に、西国へと落ちて行きました。こうして、まず都に入った義仲は、勝った勢に乗じて、さんざんらんぼうを働きます。それを聞いた頼朝は、源氏の名誉《めいよ》のために、弟の範頼《のりより》・義経に命じて、義仲を討たせました。するとその間に、平家は勢をもりかえして、摂津《せっつ》の福原《ふくはら》まで帰って来ました。

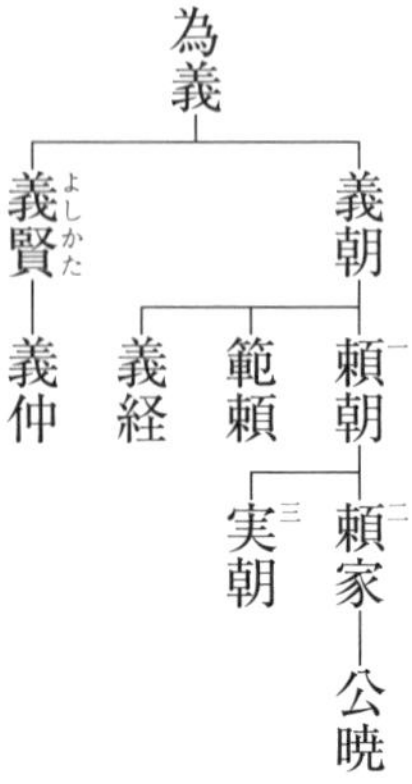

いよいよ源氏と平家のはなばなしい合戦が、瀬戸内海の美しい景色を背景《はいけい》にして、次から次へと、くりひろげられることになりました。平家が頼みにしていた一谷《いちのたに》の要害が、鵯越《ひよどりごえ》からなだれうつ義経の不意討ちで、ついに落ちました。十六歳の若武者、平敦盛《たいらのあつもり》のけなげな最期《さいご》を見とどけるいとまもなく、平家の軍は先を争《あらそ》って、屋島《やしま》へのがれました。しかし、屋島の城も、嵐《あらし》をつく義経の追撃《ついげき》に、もろくもおちいりました。那須余一《なすのよいち》の弓のほまれをたたえながら、源氏の軍船は、西へ西へと、平家を追いつめました。平家のめざす九州は、すでに範頼がおさえています。ついに平家は、壇浦《だんのうら》の決戦もむなしく、一族ほとんど、海底のもくずと消えてしまいました。「おごる平家は久しからず」といわれたように、清盛が太政大臣になってから、わ

ずか二十年たたないうちに、早くも平家は、こうした末路《まつろ》にたどりついたのです。

範頼・義経が、義仲を討ち平家を攻めている間、頼朝は、鎌倉にふみとどまって、国内をしずめることを、じっと考えていました。そこで、平氏がほろびると、頼朝は、さっそく朝廷の御《お》許しをいただき、京都や国々へ家来をやって、御所のまもりや地方の取りしまりに当らせました。勝ちほこった義経のふるまいにも、疑《うたが》いをいだくようになり、これを除くことに決心しました。義経は、すごすごと奥羽へのがれて藤原氏にたより、やがて悲壮《ひそう》な最期をとげました。頼朝は、藤原氏が義経をかくまった罪《つみ》を責め、とうとう藤原氏をも討ちほろぼして、奥羽を平《へい》定《てい》しました。

第八十二代後鳥羽《ごとば》天皇は、乱後の地方をひきしめる思《おぼ》し召しで、建久《けんきゅう》三年（紀元一千八百五十二年）、頼朝を征夷大将軍《せいいたいしょうぐん》にお任じになりました。そこで頼朝は、鎌倉の役所を整え、ますます政治《せいじ》にはげみました。この役所は、のちに鎌倉幕府《ばくふ》と呼ばれるようになりました。

頼朝は、平家が武士の本分をわきまえず、おごりにふけって、もろくもほろびたのをよい戒《いまし》めとして、もっぱら質素倹約《けんやく》を実行し、部下にもそれを守らせました。また、つねに朝廷を尊び、神を敬い、仏《ほとけ》をあがめ、武をねることをすすめ、特に剛健な気風を養って、いざという場合に備《そな》えさせました。武士たちは、遊びのうちにも、流鏑馬《やぶさめ》とか、笠懸《かさがけ》とか、犬追物《いぬおうもの》・狩・相撲《すもう》などきそって、からだをきたえ武芸をねることを、第一とするようになりました。武士の

頼朝の敬神

富士の巻狩

こうした気風は、しだいに国中にひろまり、人々の心は、いっぱんにひきしまって来ました。そうして、鎌倉武士の名は「いざ鎌倉」のことばとともに、ながく後世に伝えられました。

　狩といえば、頼朝が征夷大将軍に任じられたあくる年、富士の裾野《すその》で催《もよお》した巻狩は、全国の武士を集めたほど、盛んなものでした。富士川の対陣以来、早くも十二三年は過ぎて、今では、源氏に手むかうものもありません。土をけたてる馬のいななき、風に高鳴る弓の音が、富士の裾野にひびきわたる有様《ありさま》を見て、頼朝は、どんなに得意《とくい》であったでしょう。曾我《そが》の十郎・五郎兄弟が、父のかたき工藤祐経《くどうすけつね》を討って、仇《あだ》討ちのほまれを世に残したのも、この時のことでした。

　しかし、こうした源氏の全盛も、頼朝がなくなると、もうあとが続かなくなりました。これまで、源氏を助けて来た、外戚《がいせき》の北条氏《ほうじょう》が、そろそろ、わがままをふるまうようになったからです。頼朝の長男頼家《よりいえ》は北条時政《ときまさ》に、次男実朝《さねとも》は頼家の子公暁《くぎょう》に、その公暁は腹黒い北条義時《よしとき》に殺され、源氏は、頼朝からわずか三代で、ほろびてしまいました。あとは、まったく北条氏の思い通りで、義時は、まず朝廷にお願い申して、源氏の遠縁《とおえん》に当る藤原頼経《よりつね》を、名ばかりの鎌倉の主として迎え、自分は執権《しっけん》という役目になって、勝手なふるまいをしました。

　これでは、もう武士に政治をまかしておけないと、朝廷では、お考えになるようになりました。後鳥羽上皇《じょうこう》は、義時をお討ちになる御《ご》決心から、兵をお集めになりました。それと知った

北条時政┬政子《まさこ》
　　　　└義時―泰時―時氏《ときうじ》―時頼―時宗―貞時《さだとき》―高時

義時は、急いで大軍を京都へさし向け、この御《おん》くわだてにあずかった公家《くげ》や武士を、斬《き》ったり流したりしたばかりか、おそれ多くも、後鳥羽上皇を始め、土御門《つちみかど》上皇・順徳《じゅんとく》上皇御《おん》三方を、それぞれ隠岐《おき》・土佐《とさ》・佐渡《さど》へうつしたてまつりました。まことに、わが国始って以来、臣下として無道きわまるふるまいです。その後北条氏は、泰時《やすとき》や時頼《ときより》が、ともに身をつつしみ、政治にはげんで、義時の罪をつぐなうことにつとめました。

三　神風《かみかぜ》

鎌倉幕府が開かれたころ、朝鮮《ちょうせん》には、高麗《こうらい》という国があり、満洲・北支には、金《きん》という国があり、中支・南支には、宋《そう》という国がありました。わが国とこれらの国々との間に、表向き使節の往来はありませんでしたが、商人や僧たちの中には、高麗や宋と、盛んに行ったり来たりするものがありました。

ところで第八十三代土御門天皇のころ、金の治めている蒙古《もうこ》から、鉄木真《てむじん》という者が出て、

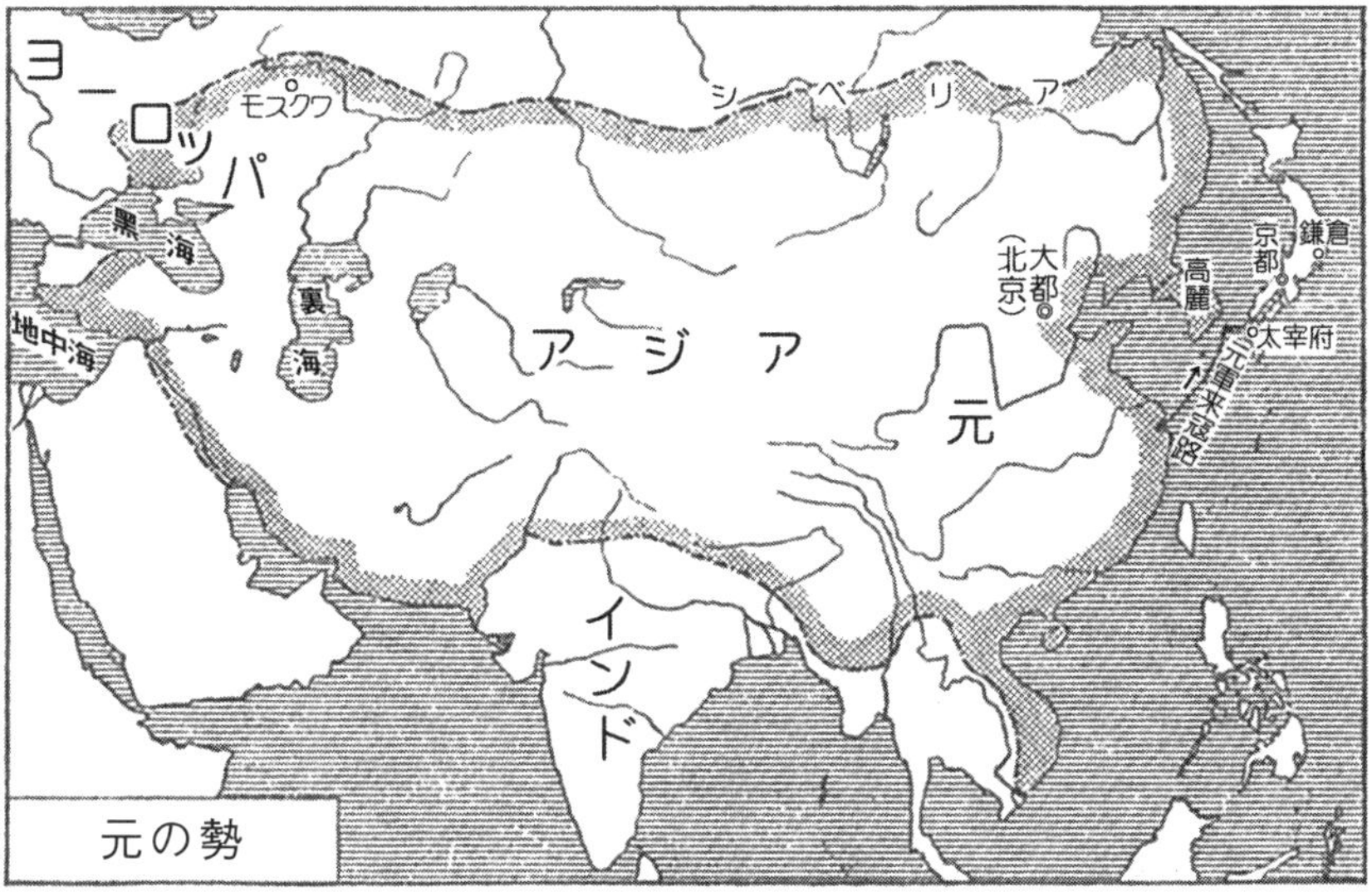

元の勢

蒙古地方を統一《とういつ》し、成吉思汗《じんぎすかん》と名のりました。以後五十年ばかりの間に、蒙古は、すぐれた武力とたくみな作戦によって、アジアの大部とヨーロッパの一部を合わせ、すばらしく強大な国となりました。初めはなかなか屈しなかった高麗も、ついになびいて、そのいうことを聞くようになりました。

　蒙古は、勢に乗じて、わが国をも従えようと考え、第九十代亀山《かめやま》天皇の文永《ぶんえい》五年、使節をよこして国書をたてまつりました。その文章があまりにも無礼なので、朝廷では、返書をお与えになりません。するとあくる年、またまた蒙古の使いが来ました。朝廷では、わが国が神国であること、武力や作戦によって撃ち破ることのできないことを、蒙古におさとしになろうとしました。ちょうどそのころ、鎌倉では、北条時宗《ときむね》が執権となり、わずか十八歳ではありましたが、大胆《だいたん》で勇気に満ちた英雄《えいゆう》でありました。時宗

北条時宗

は朝廷に奏上して、蒙古の使いを追い返し、西国の武士に命じて、備えを固めさせました。朝廷では、神官や諸社にこの大難をおつげになり、神々のおまもりをお祈りになりました。その後も、蒙古は、使いをよこして、わが国のようすをひそかに探っていました。

　蒙古は、いよいよ出兵を決心したものと見え、文永八年、最後の使いをわが国によこすとともに、国の名を元《げん》と改め、兵を高麗に移し始めました。そうして、この使いもまた追い返されると、すぐに、高麗に造船の命令をくだしました。

　文永十一年（紀元一千九百三十四年）、第九十一代後宇多《ごうだ》天皇が御位におつきになると、その年の十月、果して元・高麗の兵約二万五千は、九百隻《せき》の艦船をつらね、朝鮮の南端から攻め寄せて来ました。

　敵は世界最強をほこる元であり、従ってわが国としては、かつてためしのない大きな国難であります。思えば鎌倉武士が、日夜ねりきたえた手なみを、御《み》国のためにあらわす時が来たのです。敵はまず対馬《つしま》をおそいました。宗助国《そうすけくに》が、わずかの兵でこれを防ぎ、ことごとく壮烈《そうれつ》な

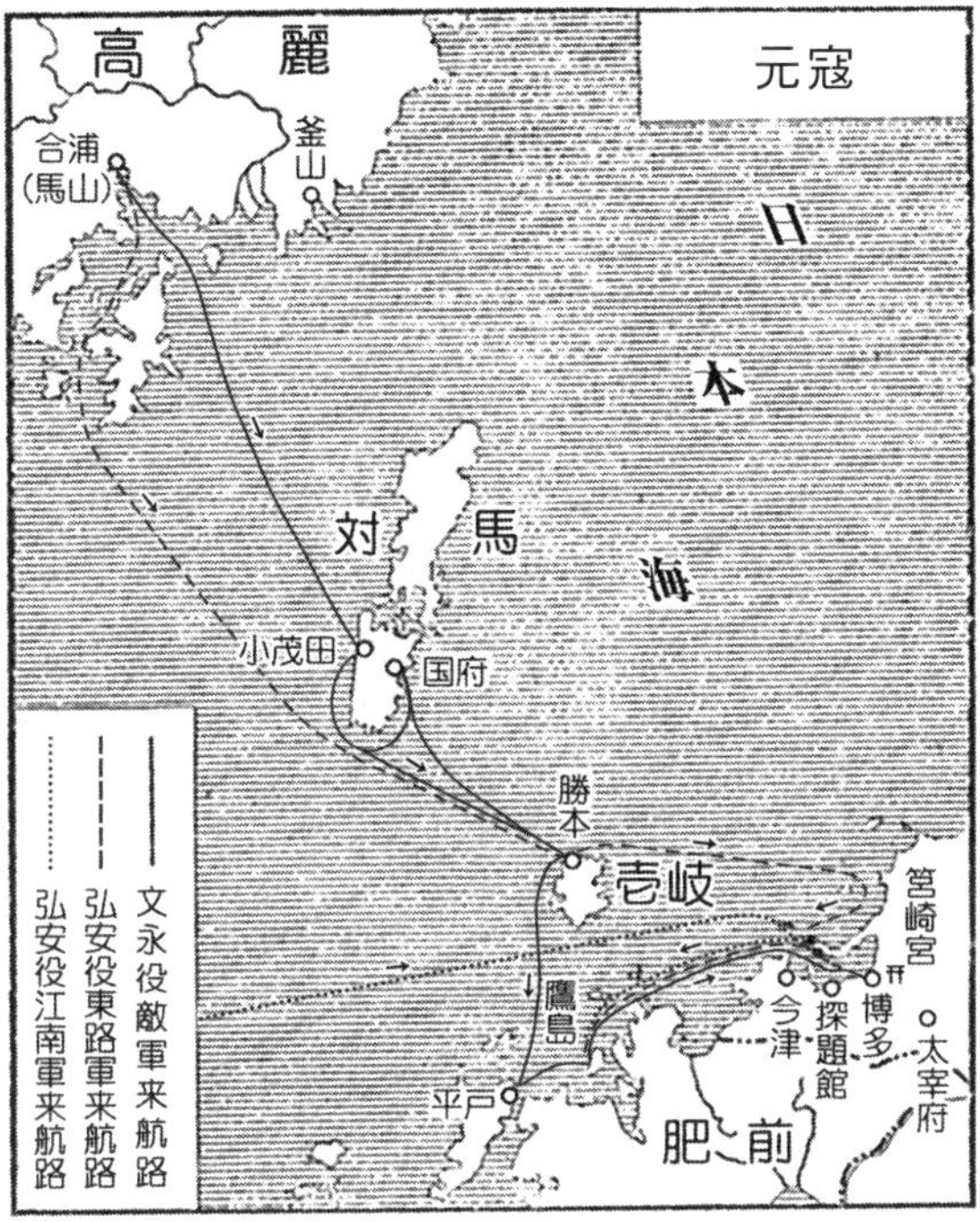

戦死をとげました。そこで敵は、壱岐《いき》から博多《はかた》湾へせまり、ついに上陸をあえてしました。筑《つく》紫《し》の武士は、力のかぎり戦いましたが、敵のすぐれた兵器、変った戦法になやまされて、なかなかの苦戦《くせん》です。しかし、日本武士の魂《たましい》が、果して、かれらの進撃をゆるすでしょうか。身を捨て命を捨てて、防ぎ戦うわが軍のために、敵はじりじりと押し返されて行きます。この奮戦《ふんせん》が神に通じ、博多の海に、波風が立ち始めました。

敵は海上の船を心配したのか、それとも、わが軍の夜討ちを恐れたのか、ひとまず船へ引きあげて行きました。夜にはいって、風はますますはげしく、敵船は、次から次へと、くつがえりました。中には、逃げようとして、浅瀬《あさせ》に乗りあげた船もあります。敵は、残った船をやっと取りまとめ、命からがら逃げて行きました。これを、世に文永の役といいます。

これにもこりず、元は、あくる年、またも使いをわが国へよこしました。すると時宗は、一刀のもとにこれを斬り捨てて、鎌

老尼の意気

倉武士の意気を示すとともに、一面こうした使いの往来のために、わが国のようすが敵にもれることを防ぎました。もちろん、元は国の面目《めんもく》にかけても、再征をくわだてるつもりで、すでに、いやがる高麗に命じて、船を造《つく》らせていましたし、時宗もまた、それを見ぬいて、ひたすら防備を固めました。

特に、文永の苦戦にかんがみ、敵の上陸を防ぐために、博多湾一たいに石塁《せきるい》を築きました。国民いっぱんに節約を命じて、軍費《ぐんぴ》をたくわえさせたり、新《あら》たに西国武士の総大将を置いたりしました。さらに軍船を整え、進んで敵地に攻めこむ計画《けいかく》さえ立てました。これを聞く国民の血は、一せいにわきたちました。肥後《ひご》の井芹秀重《いせりひでしげ》という老人や、真阿《しんあ》という老《ろう》尼《に》までが、身の不自由をかえりみず、たよりにする子や孫を、国のためにささげようという意気にもえたちました。

不意討ち

その間に、元は宋をほろぼし、その海軍を合わせて、いっそう強大になりました。そうして、蒙古・高麗・宋の諸将を会し、作戦をねりにねって、今度こそはと、いきり立ちました。折から支那にいたわが商人が、急を知って、すぐに知らせて来ましたので、朝廷では、敵国の降伏《こうふく》を全国の神社や寺々にお祈らせになり、幕府は、九州の警備をいよいよきびしくしました。国民の心は、いやが上にもひきしまり、武士たちは、てぐすね引いて、待ちかまえていました。

紀元一千九百四十一年、弘安《こうあん》四年五月に、まず兵四万・艦船九百隻の東路軍《とうろぐん》が、朝鮮から博多へとせまりました。河野通有《こうのみちあり》・菊池武房《きくちたけふさ》・竹崎季長《たけざきすえなが》らの勇将は、石塁によって、一歩も敵を上陸させません。夜になると、闇《やみ》にまぎれて小舟を進め、敵艦をおそって火を放ったり、帆柱を倒して船中へ斬りこんだり、

敵艦全滅

さんざん敵をなやましました。

おそれ多くも亀山上皇は、皇大神宮に、御《おん》身を以て国難に代ることをお祈りになりました。社という社、寺という寺には、真心こめた国民が満ちあふれました。七月になると、ついに兵十万・艦船三千五百隻の江南軍《こうなんぐん》が押し寄せて来ました。さきに来た東路軍と合《がっ》して、敵艦は博多の湾をうずめつくしました。

大日本は神国であります。風はふたたび吹きすさび、さか巻く波は数千の敵艦をもみにもんで、かたはしから撃ちくだき、くつがえしました。わが将士は、日ごろの勇気百倍して、残敵をおそい、たちまちこれをみな殺しにしました。敵艦全滅《ぜんめつ》の報は、ただちに太宰府《だざいふ》から京都へ鎌倉へと伝えられ、戦勝の喜びは、波紋のように、国々へひろがりました。世に、これを弘安の役といい、文永の役と合わせて、元寇《げんこう》と呼んでいます。

元は、さらに、第三回の出兵をくわだてましたが、すでにわが国威におじけもついていましたし、それに思わぬ内わもめが起って、とうとうあきらめてしまいました。わが国では、弘安の役後、十五年ばかりの間、なお万一に備えて、警戒《けいかい》をゆるめませんでした。

思えば元寇は、国初以来最大の国難であり、前後三十余年にわたる長期の戦でありました。こうした大難を、よく乗り越えることのできたのは、ひとえに、神国の然《しか》らしめたところであります。時宗の勇気は、よくその重い務《つと》めにたえ、武士の勇武は、みごとに大敵をくじき、民《たみ》草《くさ》もまた分に応じて、国のために働きました。まったく国中が一体となって、この国難にこれに打ちかったのですが、それというのも、すべて御稜威《みいつ》にほかならないのであり、神のまもりも、こうした上下一体の国がらなればこそ、くしくも現れるのであります。

神のまもりをまのあたりに拝して、国民は、今さらのように、国がらの尊さを深く心に刻みつけました。また、世界最強の国を撃ち退《しりぞ》けて、国民の意気は急に高まり、海外へのびようとする心も、しだいに盛んになって行きました。

今、福岡の東《ひがし》公園をたずねて、亀山上皇の御尊像《ごそんぞう》を仰ぎ、はるかに玄海灘《げんかいなだ》を見渡しますと、六百五十年の昔のことも、今の世のことかと思われて、深い深い感動に打たれるのであります。

第六　吉野山《よしのやま》

一　建武《けんむ》のまつりごと

「勝ってかぶとの緒《お》をしめよ」といいますが、北条氏《ほうじょうし》は、時宗《ときむね》の死後、執権《しっけん》に人物なく、やがてその気持も、すっかりゆるみました。武士もまた、元寇《げんこう》の時のきんちょうを失って、地方の政治《せいじ》がみだれて来ました。弘安《こうあん》の役《えき》後三十年余りたって、北条高時《たかとき》が執権になると、そのわがままは、ひどいものになりました。ぜいたくな生活をし、毎日遊びにばかりふけっていました。

こうした時に、第九十六代後醍醐《ごだいご》天皇がお立ちになったのであります。

天皇は、かねがね醍醐天皇・後三条天皇・後鳥羽天皇の御《ご》遺業をおしたいになり、御親政《ごしんせい》の御代にかえそうとお考えになりました。まず不作の時など、米の価《あたい》が高くならないよう御工夫《ごくふう》になり、おそれ多くも供御《くご》を節して、民草《たみくさ》の苦しみをおすくいになりました。また、日野資朝《ひのすけとも》・同俊基《としもと》のような、りっぱな人物は、身分が低くとも、重くお用《もち》いになりました。

ところで、高時のわがままは、いよいよ目にあまるようになりました。そこで天皇は、正中《しょうちゅう》元年、皇子護良親王《おうじもりながしんのう》を始め、北畠親房《きたばたけちかふさ》・資朝・俊基らをお召しになって、幕府《ばくふ》を取りつぶすことを御決心《ごけっしん》になりました。資朝と俊基は、命を奉じてひそかに諸国《しょこく》をめぐり、勤皇《きんのう》の兵を求めました。しかし、せっかくの御《おん》くわだても、準備《じゅんび》の整わないうちに幕府にもれ、そののち、元弘元年《げんこうがんねん》に、再挙《さいきょ》をおはかりになった時もまた、幕府の耳に、はいってしまいました。高時は、こうしたくわだてが天皇の思《おぼ》し召しによることを知って、無道にも、ついに兵を皇居へさし向けました。

天皇は、神器を奉じて、ひとまず笠置山《かさぎやま》へお出ましになり、諸国の武士に「賊軍を討て」との御《ご》命令をおくだしになりました。お召しによって、真先に兵を挙《あ》げたのは、河内《かわち》の楠木正成《くすのきまさしげ》と備後《びんご》の桜山茲俊《さくらやまじしゅん》であります。正成は、時をうつさず行在所《あんざいしょ》へ参り、つつしんで申しあげました。

「たとえ賊がどんなに強くても、はかりごとをめぐらせば、撃ち破れないはずはございません。みかたの旗色がよくない時でも、正成がまだ生き残っていると、お聞き及《およ》びでございましたら、どうぞ御安心《ごあんしん》くださいますように」

少しでも御心《みこころ》をおやすめ申しあげたいと思うと、正成のことばには、おのずから力がこもりました。

やがて正成は、菊水《きくすい》の旗を木津《きづ》の川風になびかせながら帰りました。笠置を守る人々は、そのうしろ姿をたのもしそうに見送りました。

敏達天皇……橘諸兄《たちばなのもろえ》……楠木正遠《まさとお》

- 正成
  - 正行
  - 正時
  - 正儀《まさのり》
- 正季

勤皇のさきがけ

正成は、赤坂《あかさか》に城を築いて、天皇をお迎え申しあげようと思いましたが、その間に、備《そな》えの手うすであった笠置は、攻め寄せる賊の大軍の手に、惜しくも落ちてしまいました。赤坂城へは、護良親王が、やっとお見えになりました。天皇は、赤坂への御《おん》途中、申すもおそれ多い御苦難《ごくなん》をしのばせられて、京都へお帰りになることになりました。勝ちほこった賊軍は、一気に赤坂城へ押し寄せました。正成は、智略《ちりゃく》をしぼって、さんざん敵をなやましましたが、何ぶんわずかな軍勢なので、機を見て城をのがれ、たくみに姿をかくしました。

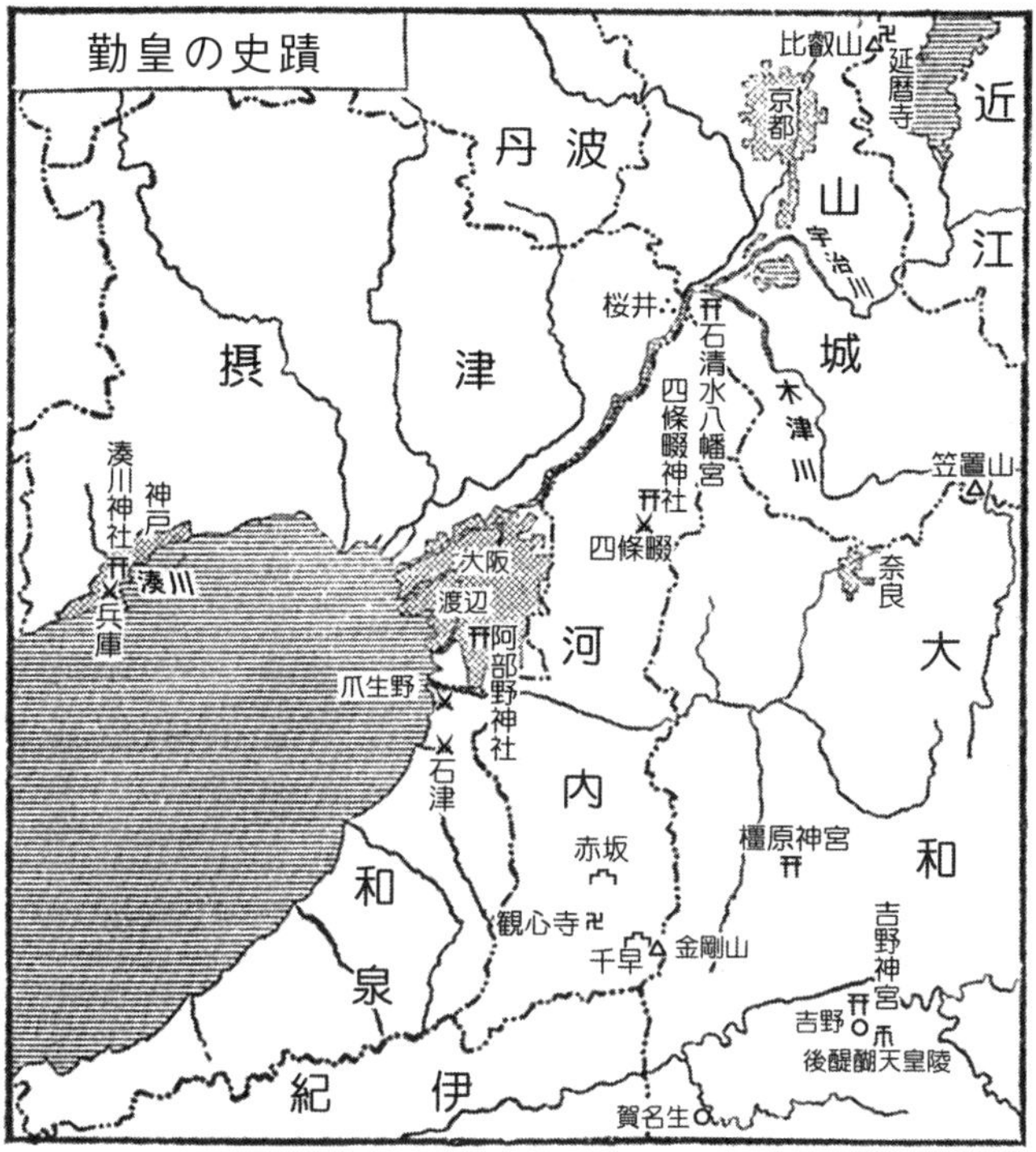

一方茲俊は、中国方面の賊軍を引きつけて、てがらを立てました。しかしこれも、笠置・赤坂が相ついで落ちると、賊のはげしい攻撃を受けるようになりました。茲俊は、力のかぎり戦って、桜の花のように、みごとな最期《さいご》をとげました。

元弘二年、都の花も今が盛《さか》りの三月に、天皇は、幕府の無道をおしのびになって、波間に沈む夕日のさびしい隠岐《おき》の島におうつりになりました。しかし、まだ正成は生きております。あるいは、赤坂城をうばい返し、あるいは摂津渡辺《せっつわたなべ》の戦で、賊の精兵を撃ち破るなど、その活動は、めまぐるしいほどでありました。やがて、金剛山《こんごうざん》の千早《ちはや》に城を築いて、賊の大軍をなやまし続けました。吉野山の要害には、

義光の最期

護良親王がおいでになって、勤皇の兵をお集めになりました。金剛山と吉野山と、この二つが手をつないで、賊軍をまごつかせました。

高時はあせって、さらに鎌倉《かまくら》や六波羅《ろくはら》の大兵をくり出しました。そのため、吉野のとりでは、惜しくも落ちました。蔵王堂《ざおうどう》の別れの宴《えん》も、村上義光《むらかみよしてる》の壮《そう》烈《れつ》な最期も、ともにこの時のことであります。残る一つの千早城は、雲霞《うんか》のような賊軍をしり目にかけて、びくともしません。正成のはかりごとは、いよいよさえて、賊の損害《そんがい》は増すばかりです。この間に、親王の御命令を受けて、勤皇の旗を挙げるものが、しだいに多くなりました。

天皇が隠岐におうつりになってから、もうそろそろ一年になります。波風の荒い小島《こじま》の冬は、どんなにきびしかったでしょう。おしのび申しあげると、胸のふさがる思いがします。

義貞の鎌倉攻め

天皇は、官軍の形勢《けいせい》がしだいによくなったことをお聞きになると、機を見て伯耆《ほうき》へお渡りになり、名《な》和長年《わながとし》をお召しになりました。長年は感激《かんげき》して、ただちに一族のものをよび集め、船上山《せんじょうさん》に行宮《あんぐう》を建てて、天皇をお迎え申しあげました。こうして、谷間を渡るうぐいすの鳴く音ものどかな、春がやって来ました。

伊予《いよ》には土居通増《どいみちます》・得能通綱《とくのうみちつな》、肥後《ひご》には菊池武時《きくちたけとき》など、勤皇の武士が、しきりに奮起《ふんき》しました。ことに武時は、北条氏の守りも堅い九州で、真先に、勤皇の旗を挙げ、壮烈きわまる戦死をとげたのでした。こうした形勢に、おどろきあわてた高時は、六波羅が危いと見て、足利尊氏《あしかがたかうじ》らを京都へのぼらせました。ところが尊氏は、形勢を見て、にわかに官軍に降《くだ》り、勤皇の武将と力を合わせて、六波羅を落しました。この間に、上野《こうずけ》から起った新田義貞《にったよしさだ》が、手うすになった鎌倉を突き、結城宗広《ゆうきむねひろ》としめし合わせて、一気に幕府を倒しました。元弘三年五月のことでした。

源義国―新田義重《よししげ》…朝氏《ともうじ》―義貞―義顕
　　　　　　　　　　　　　　　　　├義助《よしすけ》 ├義興
　　　　　　　　　　　　　　　　　　　　　　　　└義宗《よしむね》

六波羅が落ちると、天皇は、ただちに船上山から京都へお向かいになりました。みちみち、勤皇の武士がお供に加り、御《おん》行列は、やがて兵庫《ひょうご》へ着きました。兵庫には、正成が部下七千をひきいて、お出迎え申しています。天皇は、正成をおそば近くお召しになって、このたびの忠義をあつくおほめになりました。正成は、笠置のことを思い起すにつけても、うれし涙がこみあげました。まもなく、義貞から鎌倉平定《へいてい》の知らせがあって、官軍の心は、いやが上にも勇みたちました。やがて天皇は、正成を前駆《ぜんく》として、めでたく京都へお帰りになりました。時に紀元一千九百九十三年、元弘三年六月であります。

こうして、御親政のかがやかしい御代に立ちかえりました。天皇は、京都と地方の役所や役目を、新《あら》たにお定めになり、このたびのてがらと家がらとにもとづき、人物を選《えら》んで、それぞれ役人にお用いになりました。公家《くげ》も武士も、ひとしく朝臣《ちょうしん》として、大政をおたすけ申しあげることになりました。足利尊氏のように、途中から官軍に降ったものでさえ、重い役目に任じられました。何というありかたい思し召しでありましょう。元弘四年正月、天皇は、年号を建武とお改めになりました。幕府が倒れて、御親政の古《いにしえ》にかえった建武のまつりごと、このかがやかしい大御業《おおみわざ》を、世に建武の中興《ちゅうこう》と申しあげます。

二　大義《たいぎ》の光《ひかり》

建武のまつりごとが始って、二年しかたたないうちに、大変《たいへん》なことが起りました。足利尊氏が、よくない武士をみかたにつけて、朝廷にそむきたてまつったのです。尊氏は、かねがね、征夷大将軍《せいいたいしょうぐん》になって天下の武士に命令したいと、望んでいました。北条氏をうら切って、朝廷に降ったのは、そうした下心《したごころ》があったからです。なんという不とどきな心がけでしょう。しかも、六波羅を落したてがらで、正成や義貞さえはるかに及ばないほど恩賞《おんしょう》をたまわりながら、今、朝廷にそむきたてまつって、国をみだそうとするのですから、まったく無道とも何とも、いいようがありません。

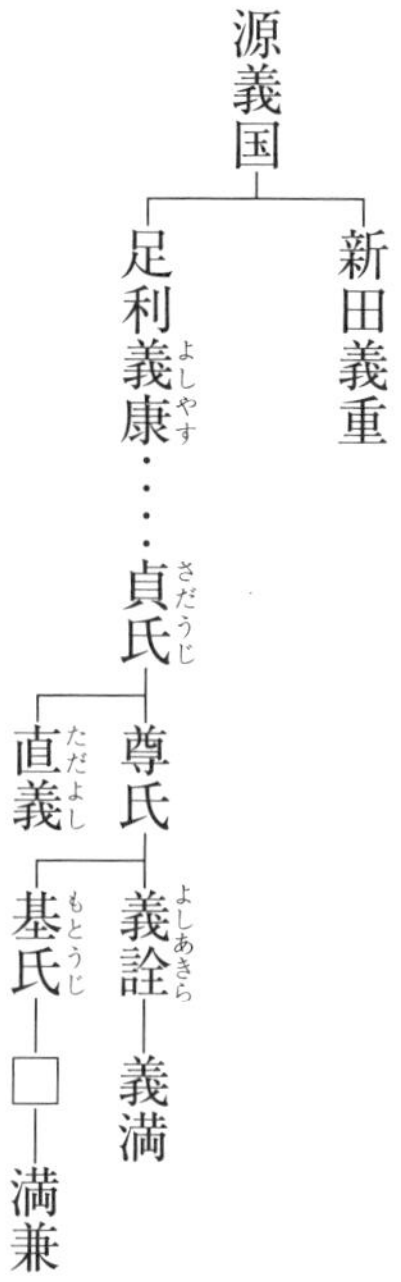

建武二年十月、尊氏は、東国がみだれたのをよい機会として、勝手に兵を鎌倉へ進め、そのまま反旗をひるがえ

しました。朝廷では、ただちに義貞をおつかわしになりましたが、義貞の軍はやぶれ、尊氏らは、延元《えんげん》元年、勝ちに乗じて、京都へ攻めのぼりました。急を聞いて北畠顕家《あきいえ》は、義良《のりなが》親王を奉じて、奥羽《おうう》からかけつけました。そこで、顕家・義貞・正成・長年らの官軍は、力を合わせて、賊軍をさんざん撃ち破り、尊氏らは、命からがら西へ逃げのびました。九州では、菊池武時の子武敏《たけとし》が、多多良浜《たたらはま》で、これと激戦をまじえ、惜しくもやぶれました。

村上天皇―具平《ともひら》親王―源師房《もろふさ》・・・北畠雅家《まさいえ》・・・親房
- 顕家
- 顕信―守親《もりちか》
- 顕能《あきよし》

賊軍は、勢をもりかえし、陸と海の二手に分れて、ふたたび都へ攻めのぼって来ました。朝廷では、義貞をおつかわしになり、さらに、正成にも出陣をお命じになりました。正成は、宮居の松にしばし名ごりを惜しみ、決死の覚悟も勇ましく、兵庫へ向かいました。途中、青葉に暮れる桜井《さくらい》の駅で、子の正行《まさつら》をそば近く呼びよせ、

「今度の合戦は、天下分け目の戦である。父討死ののちは、母の教えをよく守り、やがて大きくなったら、父の志《こころざし》をついで忠義をつくし、大君のために、朝敵をほろぼしたてまつれ。もう

桜井のわかれ

十一にもなったそなたを河内にかえすのは、そのためである」

と心をこめてさとしました。そうして、天皇からたまわった菊水の短刀を、かたみとして、正行に与えました。

兵庫へ着いた正成は、湊川《みなとがわ》に陣をかまえ、むらがり寄せる賊軍を右に左に受けとめ受け流して、今日をかぎりと戦いました。みかたは次々に玉とくだけて、残るはわずか数十騎、正成も十一箇所の深手を負いました。もうこれまでと、とある民家に敵をさけ、弟正季《まさすえ》に向かって、たずねました。

「最期にのぞんで、のこす願いは」

「七《なな》たび人間に生まれかわって、朝敵をほろぼしたいと思います」

正季は、こう答えて、兄の顔をみつめました。正成は、さもうれしそうにいいました。

「自分の願いも、その通りである」

兄弟は、にっこり笑って、刺《さ》しちがえました。家来もみな、続いて、勇ましい最期をとげました。正成は、四十三歳でありました。

義貞が形勢を見て京都に退《しりぞ》くと、賊軍は潮《うしお》のように、攻め寄せて来ました。天皇は、ひとまず比叡山《ひえいざん》に行幸《ぎょうこう》になりました。義貞は、名和長年らと力を合わせ、賊を退けようとしましたが、ついに長年も討死し、京都の回復は困難《こんなん》となりました。天皇は、官軍が振るわないのを御《ご》心配になり、義貞を行宮にお召しになって、

「皇太子恒良《つねなが》親王を奉じて北国へおもむき、勢をもりかえして京都を回復せよ」

との御命令を、おくだしになりました。また懐良《かねなが》親王を征西大将軍《せいせいたいしょうぐん》として、九州へおつかわしになり、西国《さいごく》の官軍をおはげましになりました。

延元元年十二月、天皇は、神器を奉じて吉野におうつりになり、ここに行宮をお定めになりました。吉野は、けわしい山に囲まれた天然《てんねん》の要害であり、伊勢《いせ》と河内を東西にひかえて、諸国の官軍をおすべになるには、きわめて都合のよいところでした。ことに、この地は、かつて護良親王の御《ご》奮戦になったところであります。蔵王堂のかたほとりに、おそれ多くも天皇は、花のたよりもよそに、ひたすら官軍の吉報《きっぽう》をお待ちになりました。

北国へ向かった義貞・義顕《よしあき》は、途中きびしい寒さと吹雪《ふぶき》になやまされ、苦しい行軍を続けな

吹雪をついて

がら、ようやく越前《えちぜん》にはいりました。そうして、金崎《かねがさき》城や杣山《そまやま》城を根城にして、大いに敵を破りました。しかし、賊の勢は、なかなかおとろえず、やがて官軍に苦戦の日が続いて、おそれ多くも皇子方も、討死なさる御有様《おんありさま》です。後醍醐天皇に何とおわびをしてよいか、義貞は、はらわたもちぎれる思いがしました。今はただ、最後の勝利《しょうり》を得《え》ようと、ひたすら心を引きたてながら、力のかぎり戦いましたが、延元三年のなかばすぎ、ついに藤島《ふじしま》の戦で、壮烈きわまる討死をとげました。まだ三十八歳の働きざかりでありました。

義貞戦死の少し前、北畠顕家も、和泉《いずみ》の石津《いしづ》で討死しました。顕家は、さきに結城宗広とともに、義良親王を奉じて、奥羽を固めていましたが、天皇が吉野に行幸になったと聞くと、ただちに吉野へと向かいました。途中賊軍にさまたげられ、ようやく親王を吉野へお送り申しあげたのち、いたるところで敵と戦い、まだ二十一歳の若さで、惜しくも討死したのです。

　忠臣が次々にたおれて、吉野に、さびしい秋が来ました。しかし、天皇の御《み》志はいよいよ堅く、北畠親房・顕信《あきのぶ》らに、義良親王を奉じて奥羽にくだり、官軍の勢を回復せよと、お命じになりました。御《ご》一行は、伊勢から海路をとって、東へお進みになりました。不幸《ふこう》にも、途中大風のため、義良親王の御《お》船は伊勢へ吹きもどされ、宗良《むねなが》親王の御船は遠江《とおとうみ》に、親房の船は常陸《ひたち》に着くという有様でした。

　その年も暮れて延元四年となり、やがてまた秋を迎えました。夜もろくろくおやすみにならない、ながい御《ご》無理のためでしょうか、おそれ多くも天皇は、御《おん》病におかかりになり、ついに御年五十二で崩御《ほうぎょ》あらせられました。御位にいらせられること二十二年、笠置・隠岐・吉野と、筆にもことばにもつくせない御苦難を、お重ねになりながら、まだ朝敵のはびこる世に、惜しくもおかくれになりました。おしのび申すことさえ、おそれ多いきわみであります。

　義良親王が御位におつきになり、第九十七代後村上《ごむらかみ》天皇と申しあげます。この時親房は、常陸の小田《おだ》城にたてこもって、敵と戦っていました。吉野のことも気がかりですが、東国を離れるわけには行きません。攻め寄せる賊軍の鬨《とき》の声を聞くにつけても、大義をわきまえないものの多いことが、なげかわしくなりました。親房は、戦のひまひまに、魂《たましい》をこめて、国史の本を

賊将にせまる

書き綴りました。これが名高い神皇正統記《じんのうしょうとうき》であります。やがて親房は、吉野へ帰って、後村上天皇をおたすけ申しあげました。

このころ正行は、父母《ふぼ》の教えをよく守り、りっぱな武士になっていました。たびたび賊軍を破って、官軍の勢をもりかえしました。摂津瓜生野《うりゅうの》の戦では、川におぼれる敵兵をいたわってやるなど、正行の戦いぶりは、実に堂々としていました。じりじりと敵を押し退けて、今にも京都へせまろうとする勢さえ示《しめ》しました。惜しいことには、四條畷《しじょうなわて》の合戦で、敵の大軍をけちらしながら、わずかなところで、賊将高師直《こうのもろなお》を討ちもらし、身に数知れぬ深手を負い、弟正時《まさとき》と刺しちがえて、父そのままの最期をとげました。その時、正行はまだ二十三歳でありました。

数年ののち、親房が六十三歳でなくなると、近畿《きんき》方面の官軍は、おいおい振るわなくなってしまいま

血刀を洗う

藤原隆家……菊池武房―□―武時―武重《たけしげ》・武敏・武光

した。ただ九州では、菊池武敏の弟武光《たけみつ》が、懐良親王を奉じて、賊将少弐頼尚《しょうによりひさ》を筑後川《ちくごがわ》の戦で撃ち破り、さらに筑前《ちくぜん》へ進んで、敵の根城太宰府《だざいふ》を攻め取り、かがやかしいてがらを立てました。筑後川の戦は、ことにはげしい戦で、武光の奮闘《ふんとう》は、実にめざましいかぎりでした。かぶとはさける、馬は傷つく。敵を斬《き》って、そのかぶとをうばい、馬をうばい、血刀を振るって、当るをさいわいなぎ倒すといった働きでした。武光は、一気に京都へのぼろうとしましたが、志をはたさないで、陣中で病死しました。

新田氏もまた、義貞の子義興《よしおき》が、宗良親王を奉じ

て、東国で活躍《かつやく》しました。親王が

君のため世のためなにかをしからん
すててかひある命なりせば

とおはげましになると、義興らは、勇気を振るって戦いました。しかしその義興も、武運つたなく、敵のはかりごとにかかって、武蔵《むさし》の矢口渡《やぐちのわたし》でたおれました。

こうして勤皇の武将は、吉野の桜のように、いさぎよく大君のために散りました。後村上天皇の御《おん》のち、第九十八代長慶《ちょうけい》天皇・第九十九代後亀山《ごかめやま》天皇の御代となりましたが、これらの忠臣は、黒雲のようにむらがる賊の軍勢を破って、つねに大義の光をかがやかしました。「歌書よりも軍書に悲し吉野山」というように、まことに御《おん》四代五十七年間の吉野山は、壮烈な軍物語《いくさものがたり》で満たされています。

今、吉野神宮にお参りして、六百年の昔をしのぶ時、谷をうずめて咲く花は、これら忠臣たちが、後醍醐天皇の御霊《みたま》を、いつの世までもおまもり申し、おなぐさめ申しあげているように思われます。その忠臣たちも、朝廷から高い位をたまわり、今は神として、それぞれ社にまつられ、国民に深くうやまわれています。

第七　八重《やえ》の潮路《しおじ》

一　金閣《きんかく》と銀閣《ぎんかく》

もともと、足利氏《あしかが》は、欲《よく》に目がくらんで、朝廷にそむきたてまつり、利《り》を以て軍勢を集めたのです。従って賊軍は、いつも見苦しい内わもめをくりかえして来ました。尊氏《たかうじ》の孫義満《よしみつ》になって、やっと部下のわがままをおさえることが、できるようになりましたので、後亀山天皇に、おわびして、京都へお帰りくださるよう、ひたすらお願い申しあげました。

天皇は、義満の願いをお聞きとどけになって、めでたく京都に還幸《かんこう》あらせられ、まもなく、御位を第百代後小松《ごこまつ》天皇におゆずりになりました。紀元二千五十二年、元中《げんちゅう》九年のことであります。

義満は、朝廷にお仕えして征夷大将軍《せいいたいしょうぐん》に任じられ、京都の室町《むろまち》に幕府《ばくふ》を開きました。こうして世の中は、ひとまずしずまることになりました。やがて、義満は太政大臣《だじょうだいじん》に進み、子の義持《よしもち》が征夷大将軍に任じられました。義満は、だんだん得意《とくい》になり、そろそろわがままを始めました。太政大臣を退《しりぞ》いてのちも、なお政務《せいむ》をさばき、京都の北山《きたやま》に、りっぱな別荘《べっそう》を造《つく》って、ここに移りました。ことに、その庭に面して建てた三層《そう》の楼閣《ろうかく》は、ずいぶんこった建物で、上層を金箔《きんぱく》でかざりました。人々は、やがて、これを金閣と呼ぶようになりました。

金閣

義満は、幕府の役目や地方の役人を整えましたが、主《おも》な役目は一族で占《し》め、地方の役人には、勢の盛《さか》んな武将をあてました。こうした組立てでは、元《もと》じめの幕府が、よほどしっかりしていないかぎり、地方は、ばらばらになりがちです。これまでも、足利氏は、もっぱら部下のきげんを取って、自分の勢をたもって来ました。従って、武将の中には、おいおい、わがままものが多くなり、地方の政治は、しだいにみだれて行きました。早くも義満の時、中国の大内《おおうち》氏が幕府に手むかい、関東を治めていた足利満《みつ》兼《かね》も、そのあと押しをする有様《ありさま》でした。

義満はまた、明《みん》との貿易《ぼうえき》がたいそう利益《りえき》になることを知ると、さっそく使いを出して、交《まじわ》りを結びました。明というのは、長慶天皇の御代に元《げん》がほろ

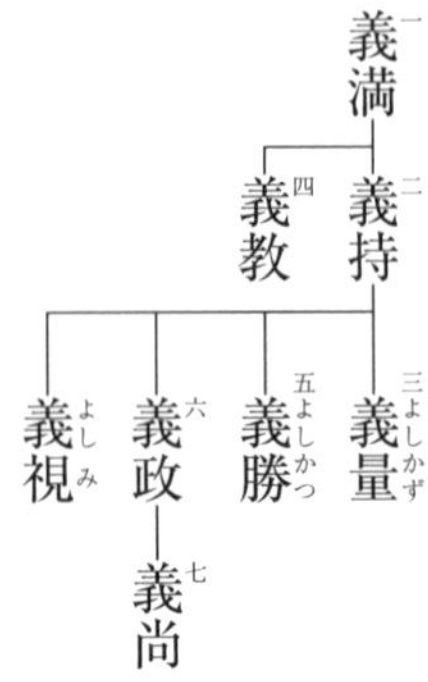

び、これに代った新しい国です。ところで、義満は、少しでも多く、自分の利益を得《え》たいため、国民の大陸進出をおさえたばかりか、国の面目《めんもく》にかかわるようなふるまいをさえしました。心ある人々が、眉《まゆ》をひそめて、これをけいべつしたのは、もちろんのこと、さすがに子の義持は、父のふしだらをはじ、明との交りをきっぱりと断《た》つことにしました。

　こうして、室町の幕府も、義持一代の間、少しは引きしまりましたが、第百二代後花園《ごはなぞの》天皇の御代に、義教《よしのり》が将軍に任じられたころから、またゆるみ始めました。足利氏は、源氏にならって幕府を開きながら、その生活は、まったく平家をまねたように、はなやかでした。義教も、はでな生活がすきで、ふたたび明との交りを開きました。しかも、足利氏の一族の争《あらそ》いが、このころから目だつようになり、ついには、将軍が部将に殺されるさわぎさえ起りました。その後、義政《よしまさ》が将軍に任じられると、あいにく不作が続き、悪い病がはやって、国民はたいそう苦しみました。義政は、それを一こう気にもとめず、大金《たいきん》をかけて、室町の邸《やしき》を造りかえようとしました。おそれ多くも後花園天皇は、これを深く御《ご》心配になり、義政の不心得をおさとしになりましたので、さすがの義政も恐れ入って、その工事を中止したということであります。

戦をよそに

しかし、こうした時には、とかく人々の気持がすさんで、物事が大きくなりがちです。第百三代後土御門《ごつちみかど》天皇の応仁《おうにん》元年、足利氏やその一族に、後つぎのことで争いが起ると、家来の武将が二手《ふたて》に分れて、京都で戦を始めました。諸《しょ》国の武将も、続々都へのぼって戦に加り、さわぎは大きくなるばかりでした。この戦は、十年たっても一こう勝《しょう》負《ぶ》がつかず、両軍ともつかれはてて、いつのまにか、それぞれ国へ引きあげました。花の都も、これですっかり荒れて、みじめな姿になりました。世に、この戦を応仁の乱《らん》といいます。

義政は、重ね重ね朝廷に御心配をおかけしながら、戦をよそに、すきな遊びにふけりました。乱がしずまって数年たつと、東山《ひがしやま》に別荘を造り、銀閣を構《かま》えて、茶の湯にその日を楽しみました。しかし、せっかく造った銀閣も、これをかざる銀箔が得られず、ぜいたくはやめられず、国民に重い税をかけたり、しきりに明と貿易をしたりしました。明との交りも、義満の時と同様《どうよう》、まことにだらしないものとなり、幕府も、これですっかり信用を落してしまいました。

京都の戦はしずまりましたが、枯草に火がもえうつるように、戦火はしだいに地方へひろがり、火元《ひもと》の幕府には、もはやこれを消す力がありませんでした。これからおよそ百年の間、戦が国々で絶えまなく続くのであります。

はなやかな金閣も、おちついた感じの銀閣も、ともに今日《こんにち》に伝わって、これを造りあげた人々のすぐれた腕前を、しのぶことができます。しかし、これを見るにつけても、義満・義政を始め代々の将軍が、政治にまじめでなかったことだけは、つくづく残念に思われるのであります。

二　八幡船《ばはんせん》と南蛮船《なんばんせん》

日本は、もともと海の国であります。機会さえあれば、海外へのびようとします。元寇《げんこう》をもののみごとに撃ち破ると、国民の海外発展心《はってんしん》は、いよいよ盛んになりました。ことに西国《さいごく》の人々は、元寇における元・高麗《こうらい》の非道《ひどう》な仕打ちを怒って、これをこらしめる日を待っていました。

しかし日本人は、何事でも正々堂々とやる国民です。その進出は、まず貿易から始りました。

弘安《こうあん》の役《えき》後約十年、第九十二代伏見《ふしみ》天皇の御代に、早くも九州の商人たちが、元の沿岸《えんがん》へ押し渡りました。元では、海の守りを固めるやら、貿易に高い税金をかけるやらして、わが商人の進出をくい止めようとしました。わが商船は、これにかまわず、どんどん大陸へ出かけました。もちろん高麗へも渡りました。高麗もまた、たいそうあわてました。

元も高麗も、わが商人をはばかって、しきりに貿易のじゃまをするので、こちらも、だまっていませんでした。向こうが約束を破ったり、品物の代金を払わなかったりすると、日本刀を振るって、相手をこらしめました。さすがの元も、その武力を恐れ、やがて、わが商人のきげんを取るようになったほどです。高麗も、これを防ぐのに、ずいぶん費用《ひよう》をかけたため、すっかり国がおとろえたといいます。こうしたことが手伝《てつだ》って元はほろび、代って明が興《おこ》ると、国王は、さっそく使いをわが国によこして、こうした商人の取りしまりを求め、高麗もまた、それを望みましたが、明の国書があまりにも無礼なので、征西大将軍懐良親王《せいせいたいしょうぐんかねながしんのう》は、きびしくおとがめの上、きっぱりとこれをお退けになりました。

このころのわが商船には、勇敢《ゆうかん》な武士も多数乗りこんで、盛んに活躍《かつやく》しました。すると支那の海賊までが、そのしり馬に乗って、できたばかりの明の国を荒しまわる始末《しまつ》です。山東《さんとう》・浙《せつ》江《こう》・福建《ふっけん》の諸地方などは、ほとんどいっさいが、根こそぎされる有様です。高麗も、さんざんになやまされ、これが原因《げんいん》となって、ついにほろびてしまいました。ついで興ったのが、朝鮮《ちょうせん》

潮路はるかに

という国であります。

　足利義満が、明の要求《ようきゅう》をいれて、取りしまりを行《おこな》ったため、わが国民の大陸進出は、一時下火となりました。しかし、幕府の手ぬるい取りしまりぐらいで、国民の海外発展心がくじけるわけはありません。やがて幕府がおとろえると、発展の気勢は、ふたたびもえさかりました。ことに、応仁の乱後の活躍は、今までにないほど、めざましいものでした。船には、八幡大菩薩《はちまんだいぼさつ》と書いた大のぼりを押し立て、東亜《とうあ》の海を、ところせましと乗りまわしました。朝鮮・支那はもちろんのこと、八重の潮路を乗り切って、はるか南洋までも進出しました。風向きを利用して、たくみに船をあやつり、上陸すれば、その動作《どうさ》は疾風《はやて》のようで、進むにも退くにも、よく訓練《くんれん》が行きとどいていました。地理や気象《きしょう》をくわしく調べ、衛生《えいせい》を重んじて、特に飲み水には心を配ったといいます。

明では「それ八幡船よ倭寇《わこう》よ」といって、これを恐れました。しかし、八幡船の人たちも、貿易の望みさえかなえば、あえて武力を用《もち》いるのではありません。かえって、明の商人や海賊が、みずから倭寇と称《しょう》して、人々をおびやかす場合が多かったのです。

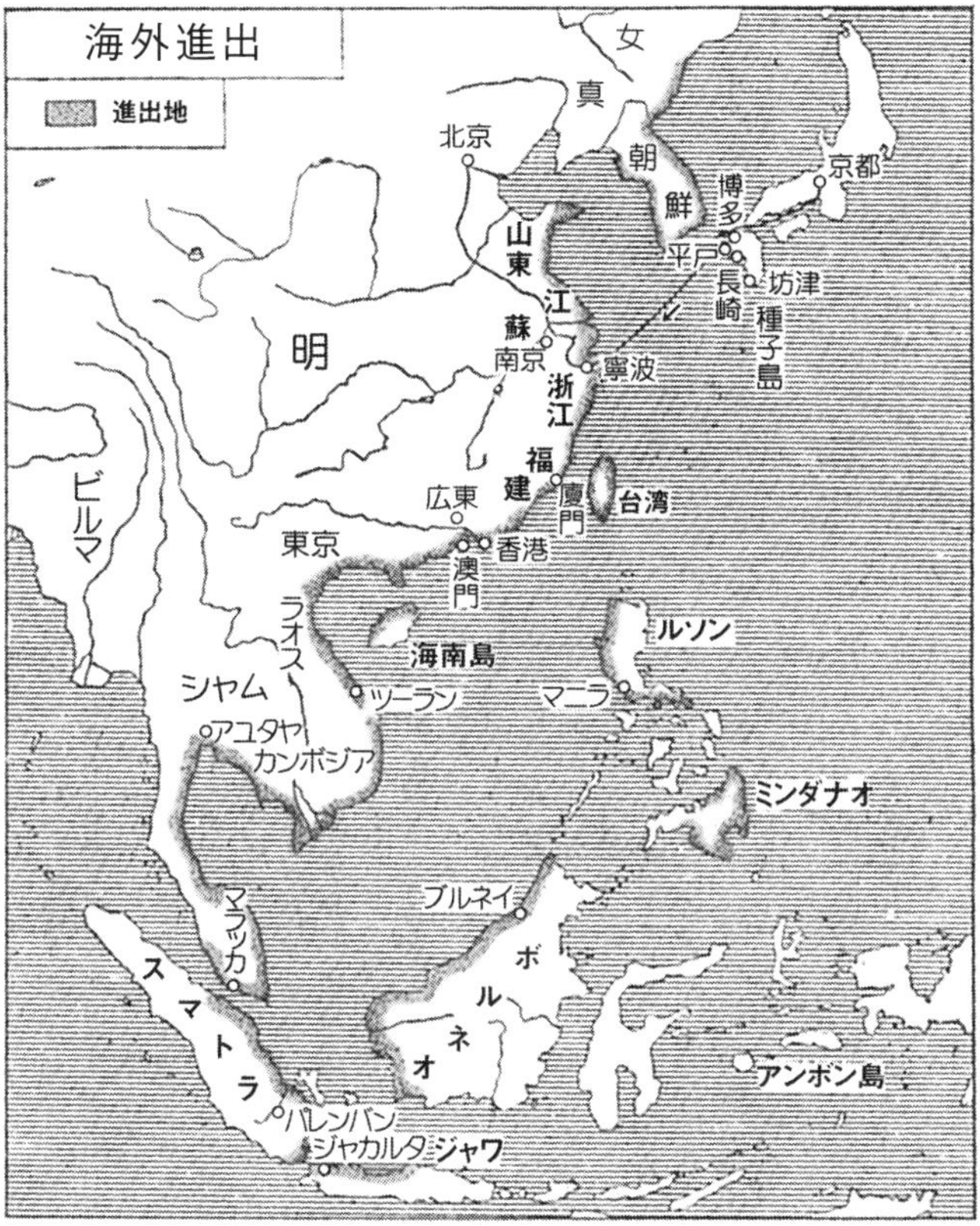

南方へ出向いた九州や沖縄《おきなわ》の商人と、土地の住民との取引きは、きわめておだやかに行われました。南方の人々は、ゆたかな産物にめぐまれて、楽しくくらしていました。かれらは、勇敢でまじめなわが国民を歓《よろこ》び迎えて、日本の産物をもてはやしました。月影の明かるい椰子《やし》の木かげで、めずらしい歌を聞かせてもくれれば、もっと

盛んに貿易に来るよう、すすめるものもありました。こうして、日本刀や扇《おうぎ》・硫黄《いおう》などを積んで行った船は、薬や染料《せんりょう》・香料《こうりょう》などを積みこんで、意気揚々《よう》と帰りました。

ところが、この平和な南洋へ、やがてヨーロッパ人が押し寄せて来るようになったのです。さきに元が、亜欧《あおう》にまたがる大国を建設《けんせつ》したので、アジアとヨーロッパとの陸上交通《こうつう》は、大いに開けました。ヨーロッパの国々からは、使節や商人たちが、続々元へ来ました。しぜん、アジアの国々のようすが、ヨーロッパに知れました。中でもわが国は、特に「黄金《おうごん》の国」として伝えられ、ヨーロッパ人の欲望をそそりました。ところが、いったん開けた交通路も、その後、中間《ちゅうかん》にトルコという国が興り、それにさまたげられて、通ることができなくなりました。応仁の乱が起る少し前のことです。

そこでヨーロッパ人は、新《あら》たに海路によって、日本へ来る工夫《くふう》をしました。そのため、もっぱら造船や航海術の発達をはかりました。中でもポルトガル・スペインの二国が、いちばんこれに力を注ぎました。やがて、スペイン人は、西まわりを試みて、アメリカ大陸に達し、ポルトガル人は、東まわりを選《えら》んで、インドへ着きました。ともに、後土御門天皇の明応《めいおう》年間のことであります。

ヨーロッパ人は、これに勢づいて、いよいよ東亜へ押しかけて来ました。ポルトガル人は、さらに東へ手をのばして、南支那にも根城を作り、インドや支那と盛んに貿易を行い、スペイン人も、やがてフィリピン群島を占領し、南洋の島々と取引きを始めました。

第百五代後奈良《ごなら》天皇の天文《てんぶん》十二年、ポルトガルの一商船が、種子島《たねがしま》へ着きました。これが、ヨーロッパ人のわが国へ来た初めで、今から約四百年前のことです。少しおくれて、スペイン人も来ました。ところが日本は、決して夢《ゆめ》のような「黄金の国」ではなく、天皇を神と仰ぎ、武勇にすぐれて礼儀正しく、しかも学問も進み、その上風景《ふうけい》の美しい国でした。ヨーロッパ人も、これにはすっかりおどろいたといいます。さいわい、両国とも貿易を許されたので、薩摩坊津《さつまぼうのつ》や肥前《ひぜん》の平戸《ひらど》で、めずらしい品物の取引きをしました。わが国では、これらのヨーロッパ人を南蛮人、その商船を南蛮船と呼ぶようになりました。

南蛮人

わが国民も、種子島でポルトガル人が示《しめ》した鉄砲には、ちょっとおどろきました。さっそくこれを買い取って、その作り方を研究《けんきゅう》しました。やがて、わが国でも、りっぱな鉄砲が作れるようになり、そのため、戦法や築城法がよほど変って来ました。またキリスト教も伝わり、天主教《てんしゅきょう》と呼ばれて、盛んに各地へひろまりました。

しかし残念なのは、勇ましい八幡船の活躍が、幕府にうとまれて、この南蛮船との競争を、思うように続けることができなかったことであります。

三　国民《こくみん》のめざめ

足利義政が、荒波とたたかう八幡船などには目もくれず、銀閣を建てたり茶の湯を楽しんでいたのは、ちょうどヨーロッパ人が、東亜の航路を探っていたころのことでした。幕府の命令は、もう山城《やましろ》一国に及《およ》ぶか及ばない有様で、地方では、武将が、自分の領地をひろげるため、力にまかせて攻め合いを始めました。まったく、強いものの勝ちの世の中になって、人々の苦しみは、増すばかりでした。義政の次に将軍に任じられた義尚《よしひさ》は、武将のわがままをおさえようと、いろいろ工夫しましたが、もう何としても、ききめがありませんでした。

戦乱の渦巻《うずまき》は、まず関東に起りました。やがてそれが、潮《うしお》のような勢で全国へひろがり、国々は、大波にのまれそうになりました。この大波にもまれて、幾人《いくにん》もの英雄《えいゆう》が、次々に現れたのです。関東では、北条早雲《ほうじょうそううん》が、後土御門天皇の御代に、早くも伊豆《いず》を略《りゃく》しました。その後、北

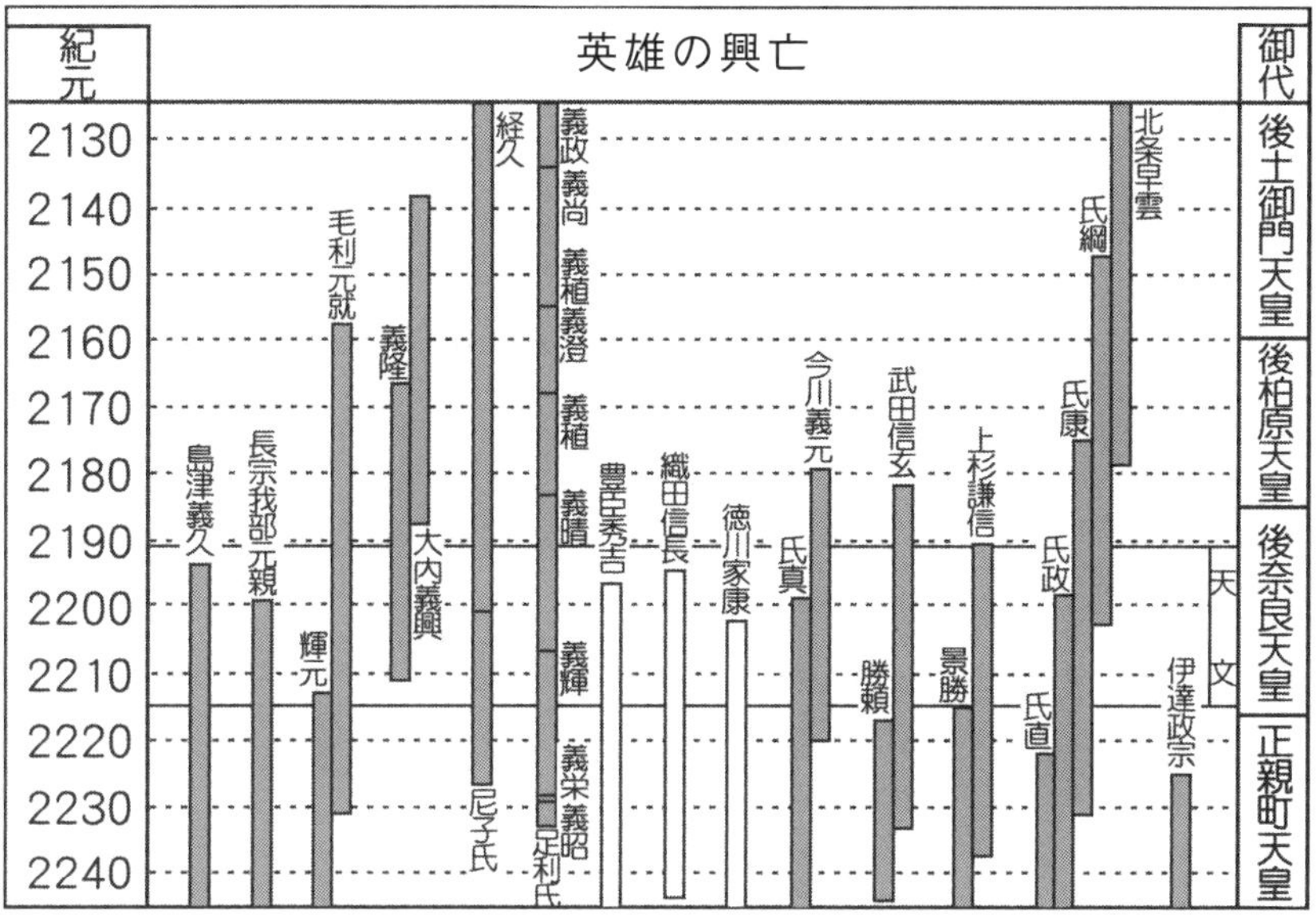

応仁の乱は 2127 から 2137 まで

条氏は、子の氏綱《うじつな》、孫の氏康《うじやす》と、三代・五十年の間に勢を得て、後奈良天皇の天文年間、ついに関東一たいを平定《へいてい》しました。これと前後して、中部には、上杉謙信《うえすぎけんしん》・武田信玄《たけだしんげん》・今川義元《いまがわよしもと》・織《お》田信長《だのぶなが》、中国には、尼子経久《あまごつねひさ》・大内義興《おおうちよしおき》・毛利《もうり》元就《もとなり》、四国には長宗我部元親《ちょうそがべもとちか》、九州には島津義《しまづよし》久《ひさ》などが現れ、やがて奥羽《おうう》からは、伊達政宗《だてまさむね》が出ます。これらの英雄は、いずれも、まず隣《となり》どうしの敵との間に、親子代々、血みどろの戦を続けました。

しかしわが国は、現御神《あきつみかみ》であらせられる天皇のお治めになっている、尊い国であります。世の中の移り変りが、どんなにはげしかろうと、国の基《もとい》は、少しもゆらぎません。京都は、応仁の乱ですっかりさびれ、公家《くげ》も、一時はちりぢりになりましたし、おとろえた幕府は、もう皇

後奈良天皇の御写経

室の御《ご》費用をたてまつる力さえありません。日常の御《ご》不自由は、申すもおそれ多いほどで、まして大切な御《おん》儀式などは、容易《ようい》にお挙《あ》げになることのできない御《おん》有様でありました。しかし、こうした中に、かたじけなくも御代御代の天皇は、戦乱・不作・病気などに苦しむ民草《たみくさ》に、深い深い御《み》恵みをたまわったのであります。

　さきに後花園天皇は、民の苦しみをお察《さっ》しになって、義政のおごりをおいましめになりましたが、後土御門天皇・第百四代後柏原《ごかしわばら》天皇も、戦乱の世を御心配になり、ひたすら、万民の生活に御恵みの心をお注ぎになりました。後奈良天皇がお立ちになったころは、とりわけ御不自由のはなはだしい時でありました。しかも天皇は、これを少しもおいといなく、もっぱら御倹約《ごけんやく》につとめさせられ、すたれていた御儀式を御再興《ごさいこう》になりました。また、皇大神宮の社殿をお造りかえになることにも、いろいろ御心《みこころ》をお用いになりました。ある年、雨が降り続いて、不作とはやり病のために、民草が続々たおれました。天皇は、みてずから経文《きょうもん》をお写《うつ》しになり、これを国々の社や寺におさめて、わざわいが除かれるよう、お祈らせになりました。

御恵みの光に照らされて、世の中は、しだいに明かるくなって行きました。各地の英雄も、さすがに日本の武士でした。しのぎを削《けず》って敵と戦うかたわら、部下をいたわり人々をいつくしんで、よく領内の政治を整えました。戦いぶりにも、しだいに、みがきがかかって来ました。その上、かれらは、何とかして都へのぼり、天皇の御命令《ごめいれい》を奉じて、全国を平定しようと、考えるようになりました。ただ、だれもかれも、たがいに、にらみ合いのかたちなので、それを実行することは、なかなかむずかしいことでした。

そこでこれらの英雄は、皇室の御日常《ごにちじょう》のことをもれ承ると、続々御費用をたてまつって、勤皇《きんのう》の真心をあらわし始めました。大内義隆《よしたか》・北条氏綱・上杉謙信・毛利元就・織田信秀《のぶひで》とその子信長など、多くの英雄が、あるいは御儀式や御所修理《しゅうり》の御費用をたてまつり、あるいは神宮をお造りかえになるお手伝いをいたしました。民草の中には、川端道喜《かわばたどうき》のように、御所の近くに住んで、折を見ては供御《くご》を進めたてまつったものもあり、伊勢《いせ》の清順尼《せいじゅんに》のように、外宮《げくう》のお造りかえに、力をつくしたものもあります。またこの間、三条西実隆《さんじょうにしさねたか》・山科言継《やましなときつぐ》らの公家は、老《おい》の身をいとわず、苦しい旅を続けて、英雄たちに皇室の御《ご》ようすを伝え、神宮に奉仕してい

川端道喜の真心

るものは、国々をまわって、敬神をすすめました。わが国の古い習わしである「お伊勢まいり」は、このころから、目だって盛んになったのであります。

五十鈴川《いすず》の清らかな流れは、いつまでも、日本の古い姿をそのままに伝えています。さしもにみだれた世の中も、皇室の御恵みによって、しだいに明かるくなって来ました。しかも黒潮たぎる海原《うなばら》には、八幡船や南蛮船が、はげしく往来しています。国民は、尊皇《そんのう》敬神の心を深めて、浦安《うらやす》の国に立ちかえる日を待ちわびました。やがて第百六代正親町《おおぎまち》天皇の御代に、織田信長・豊臣秀吉《とよとみひでよし》が、相ついで聖旨《せいし》を奉じ、全国平定の事業を進めるのです。わが国がらの尊さは、あさましい戦乱の世にもかかわらず、こうして、はっきりと示されるのであります。

第八　御代《みよ》のしずめ

一　安土城《あづちじょう》

寒風《かんぷう》すさぶ戦乱《せんらん》の世も、やっと終りに近づいて、暖い春日がさし始めました。正親町天皇は、雲居はるかに織田信長《おだのぶなが》の武名を聞《き》こし召し、永禄《えいろく》七年、おそれ多くも勅使《ちょくし》を尾張《おわり》へおつかわしになって、一日も早く国々の乱れをしずめるよう、お命じになりました。信長は、仰せを受けて感激の涙にむせび、命をささげて大御心にそい奉ろうと、堅く心に誓いました。

織田氏代々の根城は尾張の清洲《きよす》で、信長も、初めはここにいました。永禄三年、駿河《するが》の今川《いまがわ》義元《よしもと》が、大軍を率いて、尾張に攻め入りました。義元は、遠江《とおとうみ》・三河《みかわ》を従えた勢に乗じ、更に織田氏を破って、一気に京都へのぼろうとしたのです。信長は、清洲の城で、家来たちと夜《よ》話《ばなし》に興《きょう》じていましたが、このしらせを受けても、顔色ひとつかえず、そのまま話を続けました。翌朝、みかたのとりでが危いとの第二報で、すぐさま得意《とくい》の馬を走らせて、打って出ました。時に義元は、次々の勝軍《かちいくさ》に心がおごり、桶狭間《おけはざま》に陣取って酒盛《さかもり》の真最中でした。信長は、折からの雷雨《らいう》をさいわい、わずかの兵で、不意にその本陣を突き、敵兵のうろたえさわいでいる間

信長が皇居を御修理申しあげる

に、大将義元を討ち取りました。この一戦で、信長の武名は一時にあがり、天下の形勢《けいせい》もまた、大いに変りました。やがて信長は、美濃《みの》の斉藤《さいとう》氏をほろぼし、その城を収《おさ》めて、岐阜《ぎふ》に移りました。

このころ幕府は、すっかり衰えて、将軍義輝《よしてる》が部下に殺されるという有様《ありさま》です。弟の義昭《よしあき》も、危いと見て京都をのがれ、浮草のように流れ歩いて、最後に信長をたよって来ました。信長は、永禄十年ふたたび勅命を拝して、上洛《じょうらく》の準備を整えたところでしたが、こころよくその求めに応じ、同十一年、ともに京都に入り、朝廷にお願い申しあげて、義昭を将軍職につけました。

信長はまた、皇居を御《ご》修理申しあげ、御《ご》料を奉って、ひたすら勤皇の真心をあらわしました。ここに、久しくすたれていた御《おん》儀式も復興され、地方にくだっていた公家《くげ》も帰って、京都は、しだいに元《もと》の姿にもどりました。

更に信長は、近畿《きんき》の諸国を次々にしずめて、人々の苦しみを取り除きました。こうして、信長の評判《ひょうばん》は、ますます高くなるばかりでした。義昭は、自分の地位をうばわれはしないかと心配し、ひそかに信長を除こうとはかって、ついに京都から追い出されてしまいました。時に紀元二千二百三十三年、天正《てんしょう》元年で、義満以来細々と百八十年ばかり続いた室町《むろまち》の幕府《ばくふ》も、ここに、まったくほろびてしまいました。

上杉謙信《うえすぎけんしん》・武田信玄《たけだしんげん》・毛利元就《もうりもとなり》らの諸雄もまた、信長の成功をうらやみました。しかし、これらの諸雄は、ただあせるばかりで、地の利《り》や機会に恵まれず、幕府がほろびる前後数年の間に、ことごとく病死して、ついに、上洛の望みをはたすことができませんでした。

信長は、国内をしずめる根城として、近江《おうみ》の安土に城を築き、天正四年、ここに移りました。この城は、京都に近く、国々との往来が便利《べんり》な上に、風光《ふうこう》にも恵まれていました。琵琶湖《びわこ》の眺めの美しい岡の上に、御代のしずめとうち建てられた七重の天守閣が、松のみどりをちりばめて、中空高くそびえ立ち、内部のかざりも、目のさめるほど、はなやかでした。守るに堅く住んでよく、今までにない、りっぱな城でした。信長をしたって、集る人も日ごとにふえ、安土の里は、見る見るにぎやかな町になりました。信長は、得意の馬術を見せるなど、士民の心をひきたてました。しかも信長は、ここにおちつくひまもなく、海内平定《かいだいへいてい》の歩《あゆ》みを進めたのであ

安土城

ります。

天正十年、信長は、徳川家康《とくがわいえやす》らと結んで、東に武田氏を討ち、西へは部将羽柴秀吉《はしばひでよし》をつかわして、毛利氏を攻めさせました。武田氏は、信玄の死後しだいに衰え、今また信長・家康に攻めたてられて、これを防ぐに由《よし》なく、天目山《てんもくざん》の戦を最後に、ついにほろびました。しかし、毛利氏は、元就の死後も、一族が力を合わせて、孫の輝元《てるもと》をもり立て、あなどりがたい勢を示《しめ》しました。さしもの秀吉が、備中高松城《びっちゅうたかまつじょう》一つを攻めあぐんで、信長に援軍を求める有様でした。

信長は安土へ帰ると、すぐに西征《せいせい》の準備を整え、明智光秀《あけちみつひで》らを先発させ、自分は京都にはいって、本能寺《ほんのうじ》に宿《やど》をとりました。そこへ光秀が、にわかに反旗をひるがえして、攻め寄せたのです。思いがけない夜明けの不意討ちではあるし、わずかの

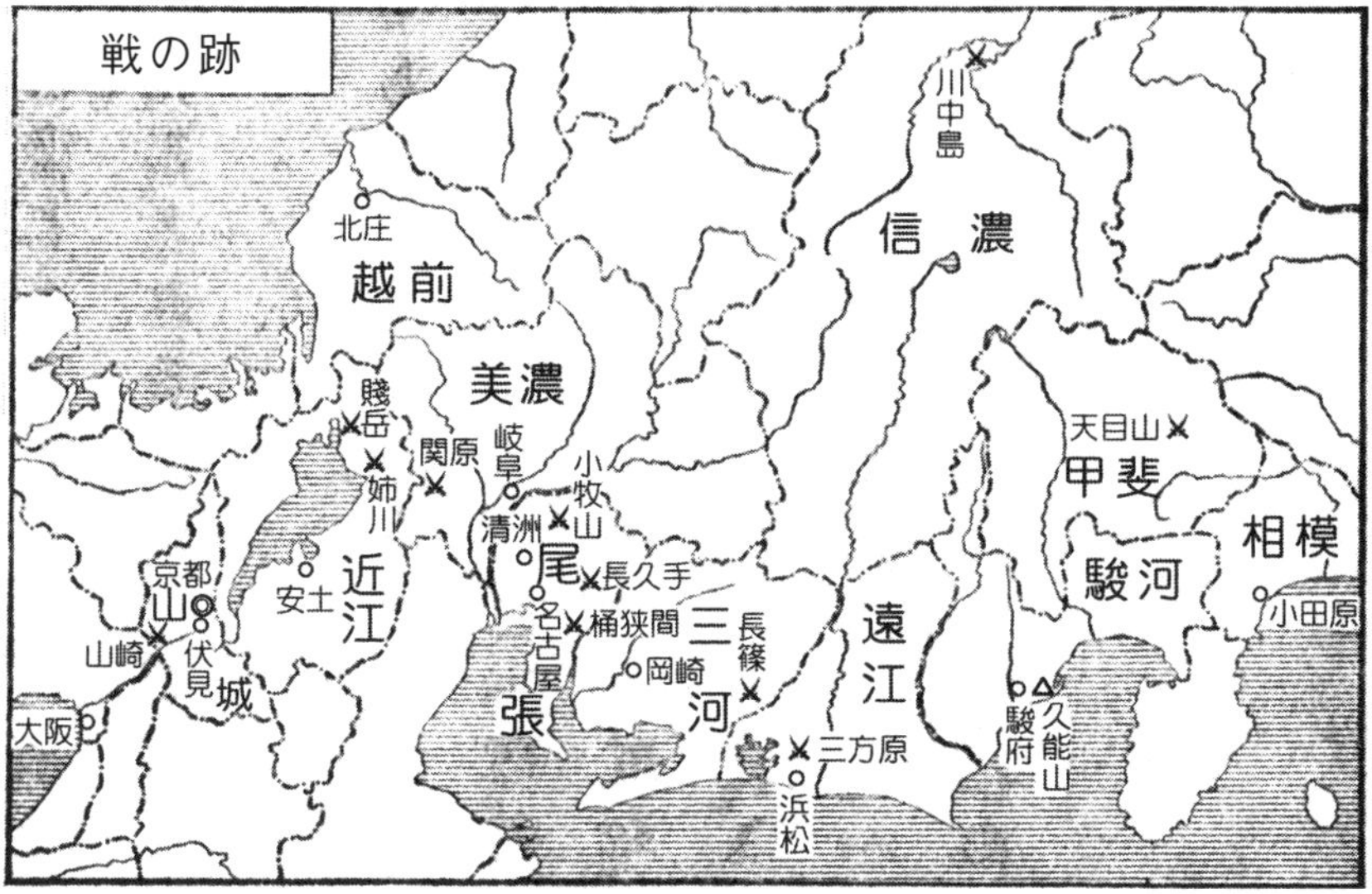

兵では、とても防ぎ切れません。弓は折れ矢玉もつきて、信長は、兵火にもえる寺の一室で、しずかに自害しました。まだ四十九歳という働きざかりでありました。世に、これを本能寺の変《へん》といいます。

豪華《ごうか》をほこった安土の城も、その後まもなく、兵火のために焼け落ちて、今はその城石に、昔をしのぶばかりであります。思えば信長が、勅命を奉じて海内の平定に乗り出してから、ちょうど十五年、その偉業《いぎょう》もやがて成《な》ろうという時、こうした最期《さいご》をとげたのは、まことに惜しいことでありました。朝廷では、その功に対して、従《じゅ》一位・太政大臣《だじょうだいじん》をお授けになり、また人々からもうやまわれて、京都の建勲《たけいさお》神社にまつられているのであります。

二　聚楽第《じゅらくてい》

織田信長のあとをうけて、海内平定の遺業をはたし、更に世界の形勢に目を放って、国威を海外にかがやかしたのは、豊臣《とよとみ》秀吉であります。

秀吉は、尾張の貧しい農家に生まれました。八歳の時、父をなくして寺で養われながら、りっぱな武将になりたいものと、つねづね武術に心がけ、勇ましい軍物語《いくさものがたり》を聞くことが、何よりすきでした。十六歳の時、遠江の松下《まつした》氏のしもべとなり、やがて信長に仕えました。賢くてまじめで、かげひなたなく働くので、しだいに重く用《もち》いられ、ついに部将の列に入りました。その後も、てがらを重ねて、ますます信長の信頼《しんらい》を深め、やがて中国平定の大任をまかされるまでになったのであります。

秀吉は本能寺の変のしらせを受けて大いに驚き、信長の死を深く悲しみました。しかし、少しも色にあらわさず、すばやく毛利氏との和議《わぎ》をまとめると、ただちに兵をかえして、光秀を山城《やましろ》の山崎《やまざき》に攻めほろぼしました。本能寺の変からこの時まで、わずかに十一日です。ほかの家来が、京都の近くでうろたえさわいでいる間に、秀吉は、こうもあざやかに、主の仇《あだ》を討ったばかりか、てあつく信長の葬儀《そうぎ》までとりおこないました。人々は目をみはって驚き、秀吉の評判は、にわかに高くなりました。

柴田勝家《しばたかついえ》・滝川一益《たきかわいちます》らの部将は、これをねたんで、秀吉を除こうとたくらみました。秀吉は、敵の大軍をまず近江の賤岳《しずがだけ》に撃ち破り、更に勝家を越前《えちぜん》の北庄《きたのしょう》に追いつめて、これをほろぼしました。一益は、かなわないと見て、早くも降参《こうさん》しました。賤岳の戦では、秀吉の部下、加藤《かとう》清正《きよまさ》・福島正則《ふくしままさのり》・片桐勝元《かたぎりかつもと》ら七勇士が、槍《やり》を振るってめざましく戦い、七本槍の勇名をとどかしました。こうして、信長のあとをつぐものは秀吉であると、だれも認めるようになりました。

やがて秀吉は、堅固《けんご》な城を大阪に築きました。この地は、東と北に大川をひかえ、西は海にのぞんで、天然《てんねん》の要害をなし、交通《こうつう》もまた便利です。しかも、鉄壁の構《かま》えに二重の堀をめぐらし、城内の美しさも、安土城の生まれかわりかと思わせました。秀吉は、ここを根城にして、西に東に軍を進め、四国の長宗我部元親《ちょうそがべもとちか》、越中《えっちゅう》の佐々成政《さっさなりまさ》を降《くだ》し、徳川家康・上杉景勝《かげかつ》をみかたにつけて、海内平定の業も、あますところは、東国と九州ばかりになりました。しかも、この間に、石田三成《いしだみつなり》らの人材を選《えら》んで、政治《せいじ》の立て直しにも着手させ

豊臣秀吉

聚楽第の行幸

ました。

　朝廷では、秀吉の功をおほめになり、正親町天皇は、藤原《ふじわら》氏のほかに例のない関白《かんぱく》の職を仰せつけられ、ついで第百七代後陽成《ごようぜい》天皇は、太政大臣をお命じになり、豊臣の姓までたまわったのであります。まことに、武人として最上の面目《めんもく》でありました。

　天正十五年、秀吉は威風《いふう》堂々、軍を九州へ進めました。みちみち、瀬戸内海《せとないかい》の風景をめでるほどの余裕《よゆう》を示し、たちまち島津《しまづ》氏を従えました。しかも、九州のようすを調べて、天主教を禁止するなど、政治のことにも、心を配りました。帰るとまもなく、住居《すまい》を京都の聚楽第に移しました。この邸《やしき》もまた、秀吉の気性《きしょう》さながらに、豪華をきわめたものでありました。

天正十六年、都の花も咲きそろったころ、秀吉は、聚楽第に後陽成天皇の行幸《ぎょうこう》を仰ぎました。この時秀吉は、文武百官とともに御供《おんとも》を申しあげ、国民もまた、御《ご》盛儀を拝観しようと国々から集り、御《おん》道筋は、民草《たみくさ》で埋まるばかりでありました。しかも人々は、かがやかしい御代のしるしを、まのあたりに拝し、あまりのうれしさに、夢《ゆめ》ではないかとさえ思いました。戦乱の世をふりかえって涙ぐむ老人もあれば、御代の万歳を祈る若者もいました。天皇は御《ご》きげんうるわしく、ここに五日間おとどまりになりました。秀吉はつつしんで御料を奉り、また公家にも領地を分ち、更に武将たちに命じて、いつまでも真心こめて天皇にお仕え申しあげるよう、誓わせました。また、工夫《くふう》をこらした催しを、次から次へと

お目にかけて、お慰め申しあげました。

そののちも、秀吉は皇居を御増築申しあげ、都の町なみをもよく整えましたので、朝廷の御《おん》有様も、京都のようすも、見違えるほど、りっぱになりました。

やがて天正十八年、軍を関東へ進めて北条氏《ほうじょう》を平げ、奥羽《おうう》の伊達《だて》氏らも、秀吉の威風になびいて、こころよく従いました。ここに、全国平定の業が完成し、応仁《おうにん》の乱以来約百年のさわぎも、すっかりしずまりました。時に、紀元二千二百五十年でありました。

秀吉は、信長と同じように、戦のひまひまに政治の方針《ほうしん》を立て、よいと思うことは、どんどん実行しました。日本が神国であることを示して、天主教《てんしゅきょう》を取りしまり、全国の土地を調べて、税の取り立て方を一定し、貨幣《かへい》を造《つく》らせて、商業の便をはかり、また貿易《ぼうえき》に保護を加えるなど、いろいろ政治の工夫をしました。しかも、つねに士民をいたわり、京都の北野《きたの》で盛大な茶の湯を催して、人々と喜びをともにしたこともあります。国民の心は、おのずからのびのびとして、元気が国に満ちあふれました。こうして、信長が御代のしずめになるようにとまいた種は、秀吉によって、みごとな花と咲いたのであります。

三　扇面《せんめん》の地図《ちず》

秀吉は、海内平定の軍を進めながら、早くも、その次のことを考えていました。それは、朝鮮・支那はもちろん、フィリピンやインドまでも従えて、日本を中心とする大東亜を建設《けんせつ》しようという、大きな望みでありました。九州から帰る途中、対馬《つしま》の宗《そう》氏に命じて、朝鮮に朝賀の使節をよこすよう交渉《こうしょう》させたのも、そのためであります。

国内がしずまると、秀吉は、いよいよ朝鮮を仲だちとして、明《みん》との交渉を始めようとしました。また天正十九年には、フィリピンやインドに書を送って、入貢《にゅうこう》をすすめました。ところが朝鮮は、明の威勢をはばかって、わが申し入れに応じません。そこで秀吉は、関白を退《しりぞ》いて大閤《たいこう》となり、まず朝鮮に出兵し、進んで明を討とうと考えました。沿海《えんかい》の諸国に軍船を造らせ、水夫を集め、肥前《ひぜん》の名護屋《なごや》に本陣を構えるなど、用意もすっかり整いました。

文禄《ぶんろく》元年、宇喜多秀家《うきたひでいえ》が総大将となり、小西行長《こにしゆきなが》・加藤清正らが先手《さきて》となって、総勢十五万余の大軍が、名護屋を出発しました。幾千とも数知れぬ軍船に、それぞれ家紋のついた幕を張りめぐらし、思い思いの旗を勇ましく潮風になびかせ、海をおおって進みました。釜山《ふさん》に上陸したわが軍は、連《れん》戦連勝、北進また北進して、たちまち京城《けいじょう》をおとしいれ、明の援軍を破り、わずか四箇月たらずで、ほとんど朝鮮全土を従えてしまいました。この間、清正はたびたびの

軍船の出発

戦に、槍のほまれ高く抜群《ばつぐん》のてがらをあらわし、また、全軍よく軍紀《ぐんき》を守って、人民をあわれみ、日本武士の面目を示しました。ただ、水軍の力が十分でないため、軍隊や兵糧《ひょうろう》の補給がはかどらず、占領地の守備には、たいそう苦心《くしん》しました。

明は、大いに驚き、小西行長について講和の交渉を始める一方、卑怯《ひきょう》にも、大軍をさし向けて、行長を平壌《へいじょう》に破り、一気に京城へせまろうとしました。これを碧蹄館《へきていかん》に迎え撃ったのが、小早川隆《こばやかわたか》景《かげ》・立花宗茂《たちばなむねしげ》らでありました。日ごろの手なみを見せるのは今と、出陣のことばもおおしく、六七倍の明軍をさんざんに撃ち破って、勇名をとどろかしたのであります。

武力戦ではかなわないと見たか、明は、ふたたび行長を通して、たくみに講和を申し出ました。秀吉は、これを許し、ひとまず全軍に引きあげを命じました。ところが、明の使節が持って来た国書の中には「特に爾《なんじ》を封《ほう》じて日本国王と為《な》す」という、無礼きわまる文句《もんく》がありました。秀吉は大いに怒って、その使いを追いかえし、再征の命令をくだしました。

慶長《けいちょう》二年、ふたたび行長・清正らが先手となって朝鮮へ渡り、たちまち南部の各地を従えました。そのうち、秀吉は病にかかり、慶長三年八月、ついに六十三歳でなくなりました。遺言《ゆいごん》によって、出征の諸将は、それぞれ兵をまとめて帰還《きかん》しました。この時、島津義弘《よしひろ》は、泗川《しせん》の戦で、数十倍の明軍を撃ち破り、前後七年にわたる朝鮮の役《えき》の最後をかざりました。

こうして、秀吉の大望《たいもう》は、惜しくもくじけましたが、これを機会に、国民の海外発展心《はってんしん》は一だんと高まりました。また、わが軍の示したりっぱなふるまいは、朝鮮の人々に深い感銘《かんめい》を与えました。一方明は、この役で、多くの兵力と

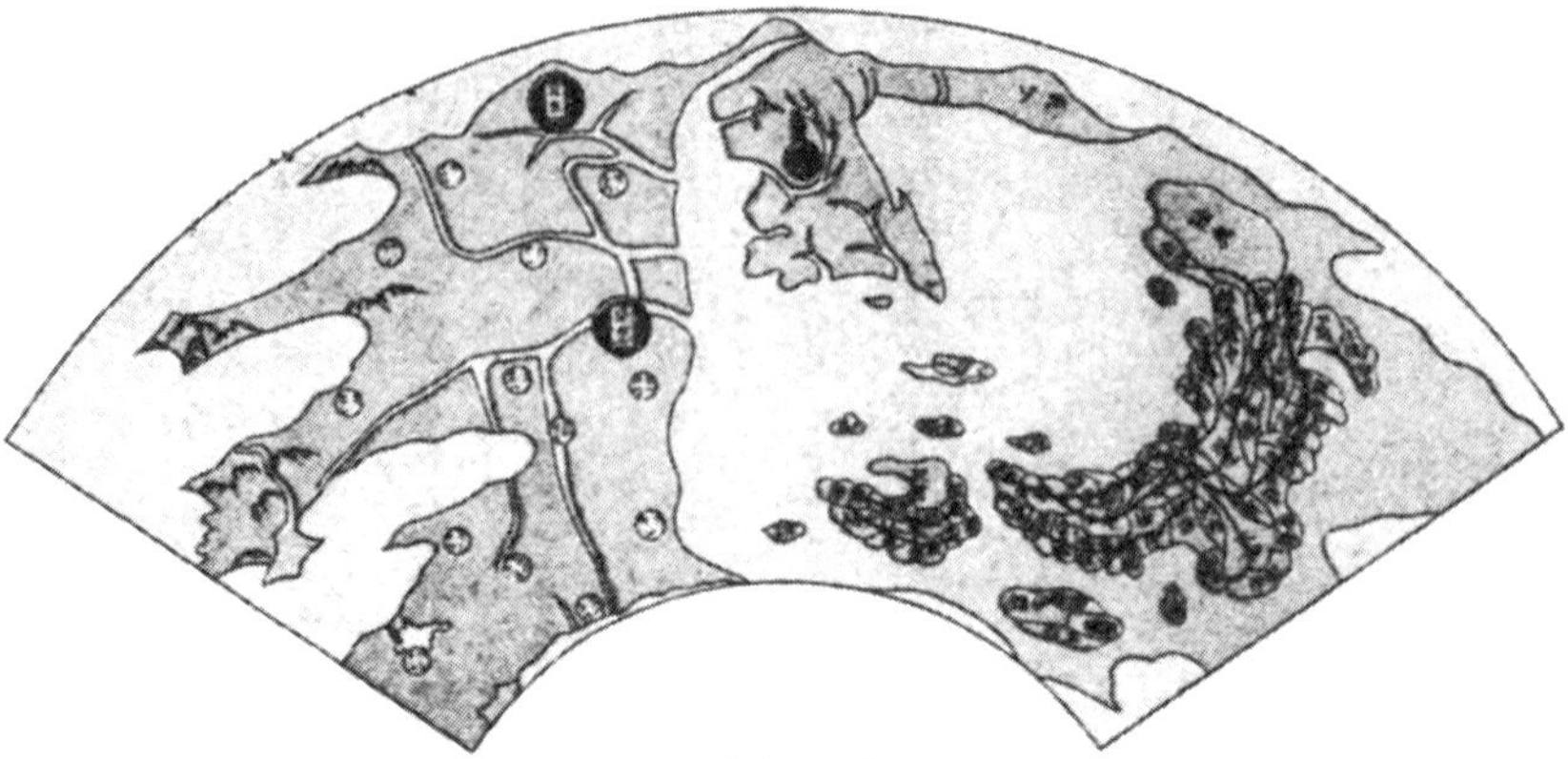

秀吉の扇

軍費《ぐんび》をついやし、すっかり衰えてしまいました。これが、やがて満洲から清《しん》が興《おこ》るもとになるのです。

朝鮮の役に際《さい》して、秀吉の用いた扇面が、今に伝わっています。一面には、日本と明との日常のことばが、いくつか書き並べてあり、他の一面は、日本・朝鮮・支那の三国をえがいた東亜地図になっています。しかもこの地図は、このころのものとして、かなり正確です。こうした扇《おうぎ》を用いたことは、秀吉が老《おい》の身をいとわず、みずから大陸へ渡ろうとしたしるしで、これによっても、その大望と日ごろの心構えが、しのばれるのであります。

しかも、このころ東亜の海には、南蛮船《なんばんせん》がはびこっていました。秀吉は、これに負けないように、日本の貿易を盛んにしなければならないと考えました。ちょうどわが国は、戦乱もすでにしずまって、産業がいちじるしく進み、国民の貿易熱がぐっと高まって来ていました。そこで秀吉は、わが商船に、一々貿易の免許状を与えて、これを保護する方針を立てました。こうした船を、世に朱印船《しゅいんせん》といいます。その活躍《かつやく》ぶりは、八幡船《ばはんせん》の行動が、勇ましくても、まちまちであったのに比べると、ずっと大がかりでもあり、はなやかでもありました。行先も、明などには、あまり目もくれず、黒潮にそって南へ南へと進みました。そうして、南蛮船とせり合いながら、国民の海外発展心を、ますます盛んにしたのであります。

御稜威《みいつ》のもとに、大東亜をしずめようとした秀吉は、一面きわめて孝心に厚い人でありました。へいぜい母に仕えて、なにくれと孝養《こうよう》をつくし、その死目《しにめ》にあえなかった時など、あたりをかまわず泣き叫んだということです。また、つねに恩を忘れず、始めて仕えた松下氏に、多くの領地をおくり、てあつくこれをもてなしました。

朝廷では、秀吉の功を賞《しょう》して、死後、豊国大明神《ほうこくだいみょうじん》の神号《しんごう》をたまわり、正一位をお授けになりました。京都の豊国《ほうこく》神社に参拝し、また数々の遺物や遺跡《いせき》によって、秀吉の志をしのぶと、今更のように、その偉大さに心を打たれるのであります。

第九　江戸《えど》と長崎《ながさき》

一　参勤交代《さんきんこうたい》

秀吉《ひでよし》がなくなった時、子の秀頼《ひでより》は、やっと六歳でありました。秀吉は、病気が重くなるにつけ、秀頼の行く末を深く心配して、徳川家康《とくがわいえやす》と前田利家《まえだとしいえ》に、くれぐれも、あとのことを頼みました。家康は伏見城《ふしみじょう》で政務《せいむ》をさばく、利家は大阪城で秀頼をそだてる、これが、それぞれに命じられた役目でした。ところで、利家がまもなく病死しましたので、ひとり家康の勢が、目だって盛んになって行きました。

家康は、三河《みかわ》から出て、初め今川義元《いまがわよしもと》の人質《ひとじち》となり、義元の死後は信長《のぶなが》と結んで、しだいに勢をのばしました。本能寺《ほんのうじ》の変《へん》後、秀吉と小牧山《こまきやま》に戦い、長久手《ながくて》にその別軍を破って、武名をあげました。まもなく秀吉に仕える身となり、小田原《おだわら》攻《ぜ》めにてがらを立てて、北条《ほうじょう》氏の領地を受けつぎ、武蔵《むさし》の江戸に根城を移して、関東の主となりました。従って家康は、秀吉の部下といっても、生え抜きの家来ではなく、しかも、いちばん勢が強かったのです。

秀吉恩顧《おんこ》の大名石田三成《いしだみつなり》らは、家康の勢が増す一方なので、幼い秀頼の身の上を案じ、毛利《もうり》

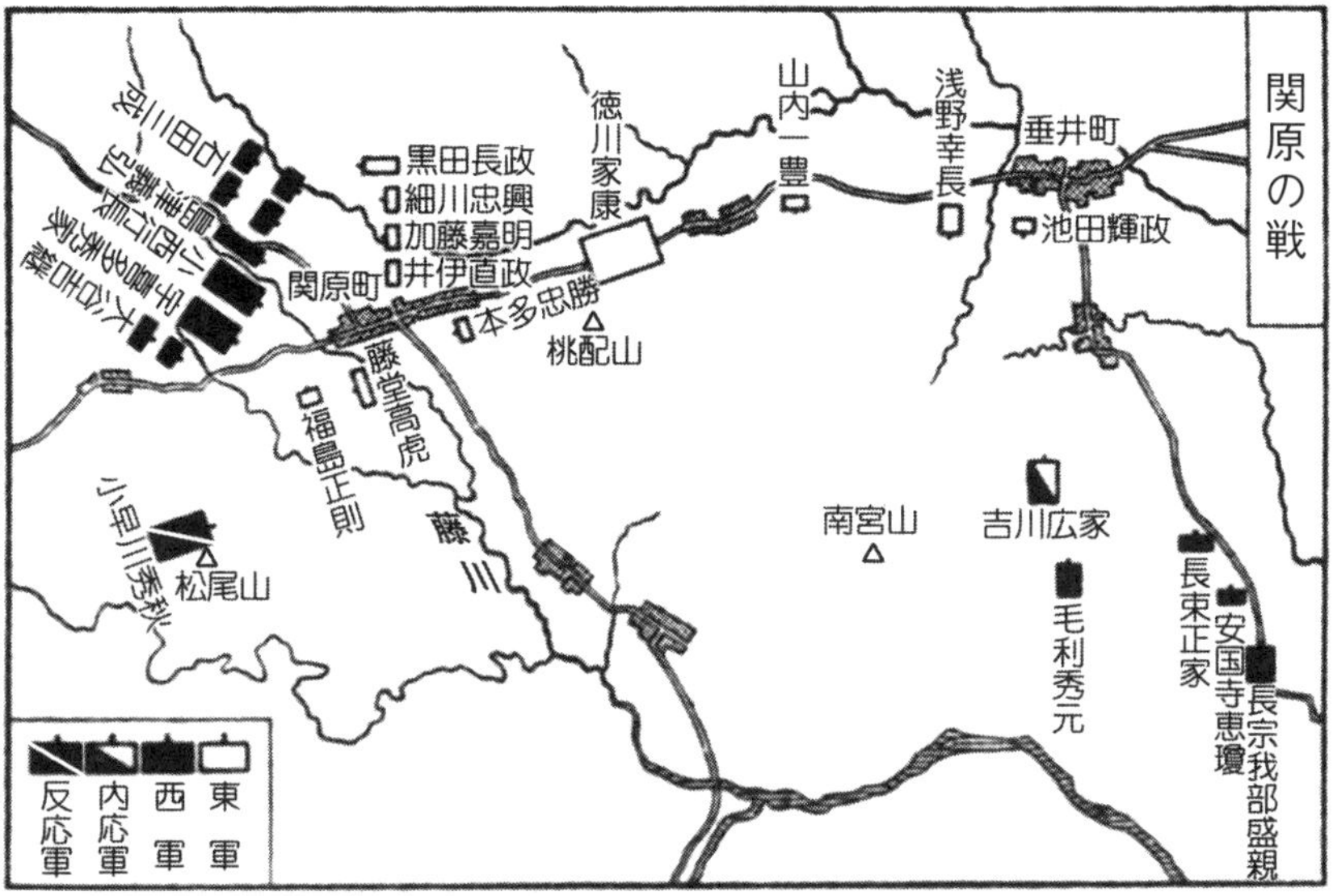

輝元《てるもと》や上杉景勝《うえすぎかげかつ》らと力を合わせて、家康を除こうとはかりました。ここに全国の諸大名は、三成方と家康方との二手に分れ、美濃《みの》の関原《せきがはら》で、激しく戦いました。初め有利《ゆうり》と見られた三成方も、途中裏切者が出て、武運つたなくやぶれ去り、この一戦で、豊《とよ》臣《とみ》・徳川両氏の興廃《こうはい》が定まりました。後陽成天皇の慶長《けいちょう》五年のことで、世に、これを天下分け目の戦といいます。

家康は、関原の戦に勝つと、思い切った賞罰《しょうばつ》をおこない、諸大名をすっかり従えてしまいました。秀吉恩顧の大名のうち、三成と仲がわるくて、家康方に加ったものも、こうなっては、家康の命令にそむくことができなくなりました。やがて慶長八年（紀元二千二百六十三年）、家康は、征夷大将軍《せいいたいしょうぐん》に任じられて、幕府《ばくふ》を江戸に開きました。これで徳川氏は、だれはばかるところなく、ふるまうようになりました。家康は、まもなく将軍職を退《しりぞ》き、子の秀忠《ひでただ》が将軍に任じられました。

関原の戦ののち、豊臣氏は一大名《だいみょう》の姿になりましたが、何といっても、秀頼は大閤《たいこう》秀吉の後つぎです。大きくなるにつれて、しだいに高い官位に進みました。それに、大阪城の守りは堅いし、蔵《くら》には金銀や兵糧《ひょうろう》が満ち満ちています。また、諸大名の中には、豊臣氏をもとの勢にかえしたいと考えているものも、少くありません。家康は、それが気がかりで、豊臣氏の力をそぐために、いろいろ頭をなやましました。幕府を開いてから十年もたち、身は七十の坂を越してみると、心はいよいよあせるばかりです。次から次へと秀頼に難題をもちかけ、豊臣方から兵を挙《あ》げるように仕向けました。

果して慶長十九年の冬、秀頼は、たまりかねて兵を挙げました。しかも家康は、大軍を以てなお大阪城を攻めあぐみ、またまたはかりごとを用《もち》いて、ついにこれをおとしいれ、むざんにも、豊臣氏をほろぼしてしまいました。第百八代後水尾《ごみずのお》天皇の御代、元和《げんな》元年の夏のことであります。家康は、豊臣氏をたおした機会に、公家《くげ》や武士を取りしまるおきてを作って、幕府の基《もとい》をますます固くし、翌元和二年、七十五歳でなくなりました。

こうした家康も、政治の上では、秀吉の方針《ほうしん》にならい、その始めた制度を受けつぎました。大名に自治《じち》を許すが、しかもこれをきびしく取りしまる、貿易《ぼうえき》をすすめるが、天主教《てんしゅきょう》はこれを禁止する、すべて秀吉と同じ行き方をとりました。ただ、秀吉のはなやかなやり方に比べると、

大名行列

家康の選《えら》んだ方法は、きわめてじみでした。学問を盛んにして、太平の世をみちびこうとしたのも、貿易を中心にして、諸外国との交りを深めようとしたのも、まったくその現れであります。

また家康は、もと秀吉に従っていた弱味があるので、大名の取りしまりには、ずいぶん苦心《くしん》しました。大名の中には、徳川氏の一族（親藩《しんぱん》）や、三河以来の家臣（譜《ふ》代《だい》）もありますが、もと徳川氏と同列だった大藩《たいはん》（外《と》様《ざま》）がたくさんあります。そこで家康は、大名の配置に工夫《くふう》をこらし、更にこれを、おきてできびしくしばるようにしました。参勤交代という制度も、大名取りしまりの、たくみな方法でありました。

参勤交代とは、諸大名に命じて、妻や子を江戸にとどめさせ、大名には、時期を定めて、ある期間、江戸に住まわす制度であります。これで、幕府の大名に対する監《かん》督《とく》は行き届くし、また大名に、道中《どうちゅう》その他の費用《ひよう》をかけ

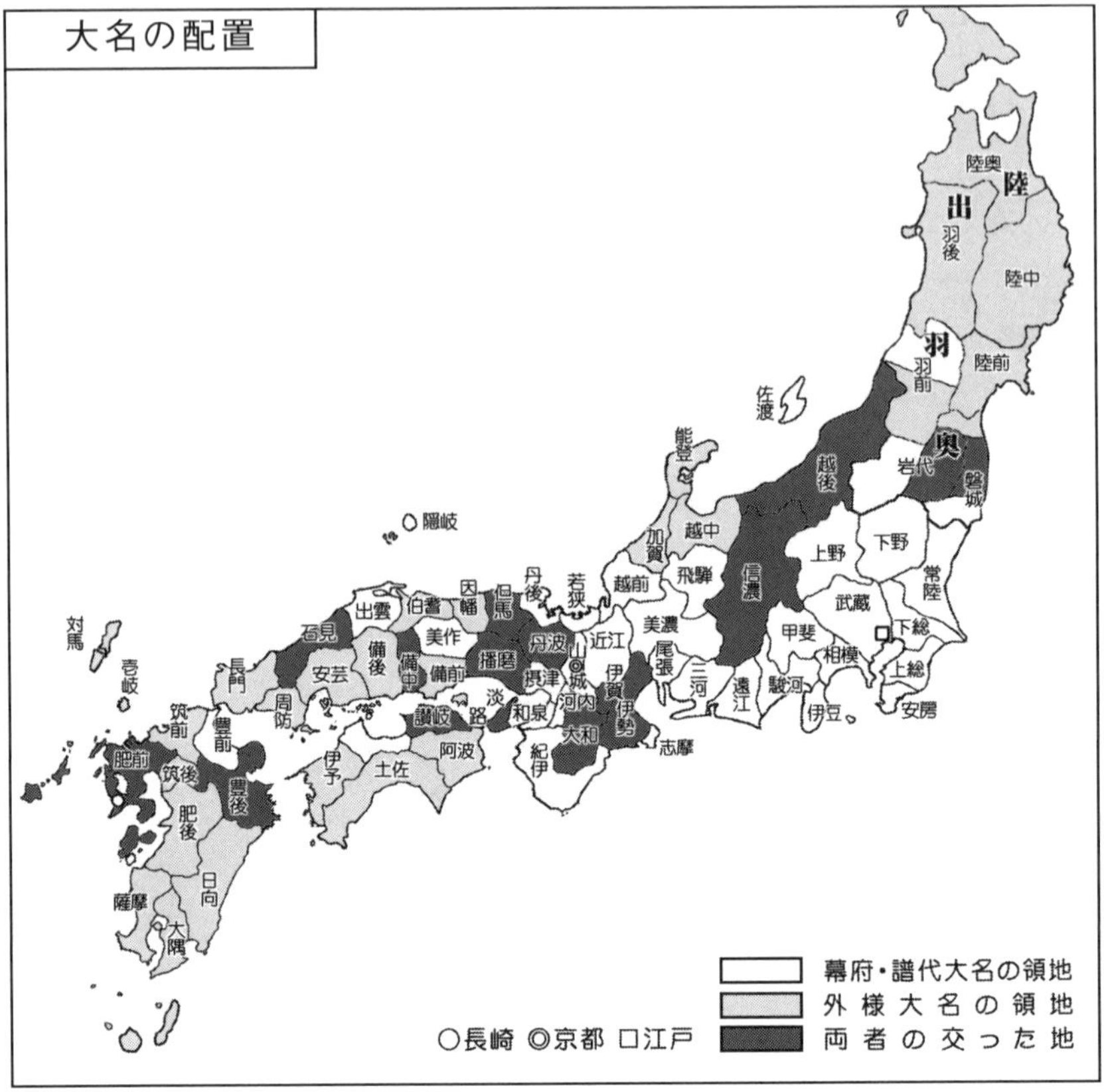

大名の配置

させ、幕府にそむく余裕《よゆう》を与えない仕組みにもなるのです。この制度は、秀忠の子家光《いえみつ》の代になって、すっかり整いました。

朝廷では、家康をまつった日《にっ》光《こう》の社に、東照宮《とうしょうぐう》という宮号《ぐうごう》をお授けになりましたが、この社は、秀忠・家光の二代にわたって造営したものです。かの有名な日暮《ひぐら》しの門の完成したのは、後水尾天皇の寛永《かんえい》元年で、家光が将軍に任じられたあくる年のことでした。幕府が開かれてから、もう二十年以上たちましたし、かつて家康と肩をならべていた諸大名も、ほとんど代が変

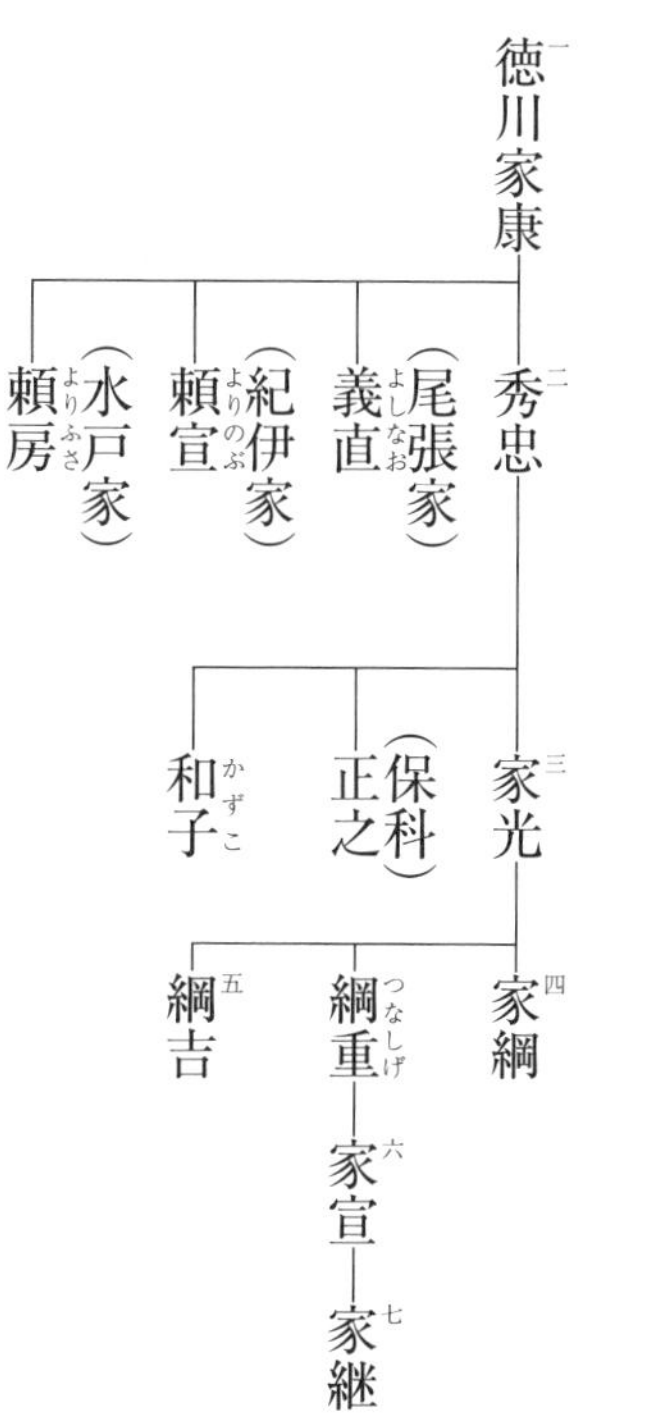

りました。徳川氏の威勢は、家光の代に一だんと高まり、幕府の基も、いよいよ固くなって来ました。ちょうどこのころ、海外では、朱印船《しゅいんせん》が今を盛りと活躍《かつやく》していたのであります。

二　日本町《にっぽんまち》

江戸に幕府が開かれたころ、ヨーロッパ諸国の形勢《けいせい》も、大いに変りました。スペイン・ポルトガルは、しだいに衰え、新《あら》たにオランダとイギリスが、盛んになって来ました。オランダは、初めスペインに従っていましたが、本能寺の変の前年に、独立《どくりつ》しました。イギリスは、これと結び、無敵をほこるスペインの海軍を撃ち破って、ヨーロッパの制海権《けん》をうばいました。ちょうど、後陽成天皇が聚楽第《じゅらくてい》に行幸《ぎょうこう》あらせられた年のことであります。これから、イギリスとオランダの勢が、目だって盛んになりました。

しぜん英・蘭《らん》の両国人は、東亜にも押し寄せて来ました。イギリス人はインドに、オランダ人は東インド諸島に目をつけ、関原の戦から二三年の間に、それぞれ東インド会社を立てて、東亜の侵略《しんりゃく》を始めたのです。しかも、そのやり方は、表に貿易をよそおいながら、なかなかずるいところがありました。やがてこの両国人は、わが国にも来て、貿易を求めました。家康は、慶長十四年、まずオランダ人に、同十八年にはイギリス人に、それぞれ貿易を許しました。両国人は、まもなく平戸《ひらど》を足場にして、激しい競争を始めました。ところで、オランダ人は、一方東インド諸島で、ポルトガルの勢力を押しのけ、元和五年には、ジャワのバタビア（今のジャカルタ）に総督《そうとく》を置くほどの勢でした。イギリス人は、オランダ人に敵しかね、元和九年、わが国を去って、もっぱらインドの侵略に力を注ぎました。

わが朱印船は、こうした古手・新手のはびこる南洋へ、勇ましく乗りこんで行きました。秀吉や家康が貿易をすすめるまでもなく、国民の海外発展心《はってんしん》は、もえさかっていました。京都・大阪・堺《さかい》・長崎などの商人や、九州の大名らは、先を争《あらそ》って南方の各地へ進出しました。船も、末次船《すえつぐぶね》や角倉船《すみのくらぶね》のように、八幡船《ばはんせん》とは比較にならないほど、りっぱになりました。長さ二十五間、幅四間半、三百人乗りの船さえできました。航海の技術も進歩しました。しかし、まだまだこの程度の船や技術で、波風の荒い東支那海や暗礁《あんしょう》の多い南支那海を乗り切ることは、なかなか容易ではありませんでした。それでも、発展の意気にもえた国民は、海国魂にものをいわ

朱印船が日本町へ着く

せて、どんな苦難をもしのぎました。こうして、南洋へ渡った朱印船は、幕府が開かれてからおよそ三十年間に、約三百五十隻にも及びました。

南方に移住《いじゅう》する人々も、どんどんふえて、その数は、少くも一万人に達したといわれています。これらの人々は、今の東部インド支那・タイ国・フィリピンなどの各地に、日本町を立てて、活動の根城にしました。その中には、人口二千人以上の町や、日本橋と名づけた橋のある町などがあって、その活躍は、まことにめざましいものでありました。町の人々は、心を一つにして貿易や産業にはげみ、また土地の人とも、したしくうち交り、事があれば武勇をあらわして、大いに国威をかがやかしました。中でも、山《やま》田《だ》長政《ながまさ》が、日本町の人々を率いて、シャムの内乱《ないらん》をしずめ、その功によって重く用いられた話は、いちばん有名です。

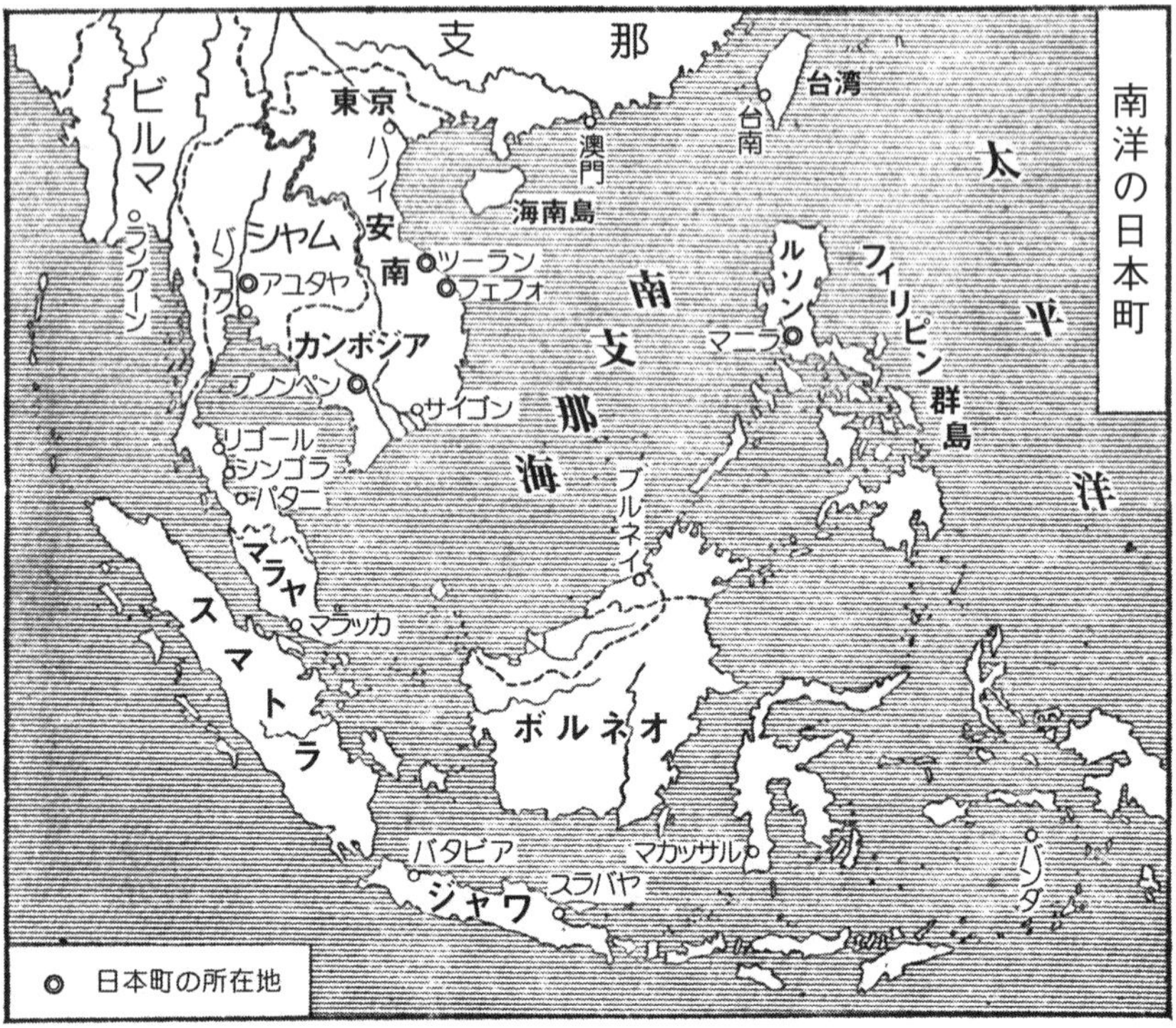

明かるい海、青々とした木々を背景《はいけい》にして、白壁づくりの軒を連ねた日本町の生活は、絵のように美しく、夢《ゆめ》のようにおだやかでした。しかし南洋には、すでにヨーロッパ人の勢力がくい入っています。日本町の人々も、朱印船の商人も、ともどもに力を合わせて、これと競争しなければなりませんでした。その場合、土地の人々は、つねにまじめで勇敢な日本人の奮闘《ふんとう》を、心からたのもしく思いました。浜田弥兵《はまだやひょう》衛《え》が台湾で、オランダの長官をこらしめた話などからも、これがうかがわれます。台湾は、わが国と南洋との中間に位し、朱印船の南方進出の上に、たいそう重要な地点でした。ところがオ

ランダ人は、寛永元年に、台南附近を占領して、台湾の富《とみ》を独占しようとしたばかりか、わが朱印船の南方進出をさえ、さまたげようとしたのです。弥兵衛がその不法をなじり、命をかけてそのいい分を通したのは、まさに日本人の意気と面目《めんもく》を示《しめ》してあまりあるものです。

もえさかる国民の海外発展心は、このほかにも、多くの勇ましい話をとどめています。早くも文禄《ぶんろく》年間、信濃《しなの》の城主小笠原貞頼《おがさわらさだより》は、小笠原諸島を発見して「日本国天照皇大神宮地《にっぽんこくてんしょうこうだいじんぐうのち》」と記した標柱を立てました。その後、慶長年間には、九州の大名有馬晴信《ありまはるのぶ》が、ポルトガル人の不法に対する仕返しとして、長崎でポルトガル船を焼討ちしました。また加藤清正《かとうきよまさ》が、大船を造《つく》って安南《あんなん》との貿易を計画《けいかく》した話や、支倉常長《はせくらつねなが》が、伊達政宗《だてまさむね》の命を受け、太平・大西《たいせい》の両洋を横ぎってローマに使いした話も伝えられています。更に寛永年間には、播磨《はりま》の人天竺徳兵衛《てんじくとくべえ》が、十五歳の若さでシャムに渡った話や、九州の大名松倉重政《まつくらしげまさ》がフィリピン征伐を計画した話があります。

八幡船のまいた種が、今こそ花を開いて、国民の海外発展心は、とどまるところを知らない有様《ありさま》となりました。ところが、このみごとな花も、幕府が国内の太平をたもつために、やがて国を鎖《とざ》すに及んで、惜しくも散ってしまったのであります。

三　鎖国《さこく》

ヨーロッパ人が日本へ来て、天主教をひろめたのは、国民の気のゆるみに乗じて、わが国を従えようとするためでありました。国民は、こうした下心があることを少しも知らず、信徒の中には、むやみに新しがって、社や寺をこわし、先祖の位牌《いはい》を川に流すなど、わが国の美風《びふう》をそこなうものさえありました。秀吉は、天主教の害を知ると、ただちにこれを禁止し、家康もまた、その方針を受けつぎました。ところが二人とも、貿易を奨励《しょうれい》しましたので、そのすきに宣教師がまぎれこみ、ひそかに布教《ふきょう》を続けました。その後、秀忠・家光と代を重ねるにつれて、天主教の取りしまりは、ますますきびしくなりました。幕府は、懸賞《けんしょう》・踏絵《ふみえ》・宗門改《しゅうもんあらた》めなどの方法を用いて、これを根だやししようとし、寛永七年には、洋書の輸入を禁止しました。

ところが、幕府は、諸大名の反乱《はんらん》を恐れて、武備を制限《せいげん》しましたので、いざという場合、国を守る自信がありませんでした。これに加えて、九州には、外様大名や天主教の信徒が多いため、いつ反乱が起るかわからない有様でした。幕府は、大名が貿易の目的《もくてき》で大船を造ることさえ、警戒するようになり、また国民の海外発展にも、しだいに制限を加えました。そうして、国民が海外へ行くことも、海外から帰ることも、いっさい禁止してしまいました。第百九代明《めい》正《しょう》天皇の御代、寛永十三年のことであります。なお幕府は、この時ポルトガル人を、長崎の出《で》

長崎の出島

島《じま》に閉じこめました。
　果して翌十四年、肥前《ひぜん》の島原《しまばら》や天草《あまくさ》の信徒三万数千が、幕府のきびしい圧迫《あっぱく》にたえかね、乱を起して、島原半島の原城《はらのしろ》にたてこもりました。その勢は意外に強く、幕府もさんざんてこずりました。十余万の大兵をさし向け、兵糧攻めにして、あくる年、やっとこれを平げたほどです。幕府は、この乱にこりて、更に天主教の警戒をきびしくし、寛永十六年、ポルトガル人を追い払って、商船の来航を禁じました。ついで十八年には、オランダ人を出島に移し、支那人同様《どうよう》、長崎の港にかぎって、貿易を許すことにしました。オランダ人は、天主教の布教に関係しなかったので、特別の扱いを受けたのであります。
　こうして幕府は、大名の取りしまりと天主教の禁止とをめざして、国の出入りを鎖してしまいました。ちょうど、紀元二千三百年ころのことで、世にこれ

姫路城

を鎖国といいます。八幡船が活躍を始めてから、およそ三百五十年の間、年とともに盛んになった国民の海外発展は、惜しくも、ここでくじけました。日本町の人々は、なつかしい朱印船の姿が見られず、しぜん、かれらの活動もにぶりました。故里《ふるさと》へ帰ることができず、その地でさびしく死に絶えたのでしょう。そこで、せっかく築きあげた南方発展の根城も、次から次へと、ヨーロッパ人にくずされて行きました。海国日本は、これからおよそ二百年の間、島国《しまぐに》の姿に変ります。国民は、海外事情にうとくなり、江戸と長崎との間にさえ、遠いへだたりを感じるようになりました。

鎖国ののち、さすがに太平の世が続きました。江戸城は、見違えるほどりっぱになり、城の周囲には、諸大名の邸《やしき》が立ち並んで、商人や職人も、各地から続々と集って来ました。武蔵野《むさしの》のすすき

討ち入り（忠臣蔵）

や、葛飾《かつしか》の葦《あし》を刈り払って、江戸の町なみは、年とともにのびて行きました。諸大名の領地にも、とりどりの城をめぐって、城下町《じょうかまち》が発達しました。幕府の奨励と大名の努力とによって、学問や産業が目だって盛んになり、また交通《こうつう》機関も整って来ました。毛槍《けやり》のさばきおもしろく「下に下に」の声ものどかな大名行列は、まさに太平の世のしるしでありました。

第百十二代霊元《れいげん》天皇の御代に、綱吉《つなよし》が将軍に任じられ、やがて第百十三代東山《ひがしやま》天皇の元禄《げんろく》年間になると、長い間の太平で、国民の生活は、いっぱんにはなやかになりました。武士でさえ、この風に染まって、尚武《しょうぶ》の気風を失い、幕府の政治もゆるんで来ました。こうした時に、赤穂義士《あこうぎし》の仇《あだ》討ちがあって、人々の心をひきしめたのでした。播磨赤穂の城主浅野長矩《あさのながのり》の家老《かろう》であった大石良雄《おおいしよしお》を始め、四十七人の浪士《ろうし》が、力を合わせ心をくだいて、ついに主の仇吉良義央《きらよしなか》を討ち取り、幕府のさばきに従って、いさぎよく切腹したのです。良雄の子良金《よしかね》も、年わずかに十五歳でこの挙に加り、めざましい働きを示しました。良雄らの真心とねばりの強さは、勇ましい討ち入りの話とともに、人々に深い感動を与え、武士のかがみともてはやされました。その後も、忠臣蔵《ちゅうしんぐら》という芝居《しばい》にまで仕組まれて、義士のほまれは、いよいよ高くなりました。東京高輪《たかなわ》の泉岳寺《せんがくじ》にある四十七士の墓前《ぼぜん》には、今もなお、香華《こうげ》の絶えまがありません。

国民の生活がはでになると、国の力が弱ります。長崎の港では、オランダ人が、支那の絹織《きぬ》物、南洋の砂糖、西洋のめずらしい品々を売りさばいて、ばくだいな利益《りえき》を占《し》めていました。国を鎖してから、かれこれ七十年もたちました。その間、天主教がはいらなくなった代りに、大切な金銀が、どんどん海外に流れ出ていたのです。その害をさとったのが、新井白石《あらいはくせき》でありました。

綱吉ののち、家宣《いえのぶ》と家継《いえつぐ》が相ついで将軍に任じられましたが、白石は、この二代に仕えて、いろいろと政治を改めました。その一つが、長崎貿易の制限であります。白石は、まず貿易の有様をくわしく調べて、金銀の流出《りゅうしゅつ》があまりにも激しいことに驚き、家継の時に商船の数をへらし貿易額《がく》を制限して、金銀の流出を防ぎました。白石は、このほかにも、りっぱな事蹟《じせき》をのこしています。

朝廷では、これまで、皇太子におなりになる御方《お》の外、皇族はたいてい出家《しゅっけ》なさる御習《おん》わしでありました。白石は、まことにおそれ多いことに思い、宮家《みやけ》をお立てくださるよう、家宣を通して、朝廷に申しあげました。第百十四代中御門《なかみかど》天皇は、これをお取りあげになって、新たに閑院宮家《かんいんのみやけ》をお立てになりました。また朝鮮は、家康が交りを結んで以来、将軍が任じられるごとに、祝賀《しゅくが》の使節を送って来ました。ところが幕府は、いつもこれを勅使《ちょくし》以上に、てあつくもてなしていましたので、白石は、国の体面にかかわることと思い、家宣に申し出て、そのもてなし方を改めるようにしました。

白石はまた、鎖国の世でも、海外に目を注ぎ、これに関する本をあらわしています。こうした白石の努力によって、政治はふたたびひきしまり、太平の世が続きました。

第十　御恵《みめぐ》みのもと

一　大御心《おおみこころ》

太平の世が続いて、国民が日々の仕事にいそしむことのできたのは、ひとえに御恵みのおかげでありました。にぎやかな江戸《えど》とはなやかな長崎《ながさき》、その間には、おごそかな京都があって、昔の姿を伝えていました。京都とその附近一たいを上方《かみがた》といったのも、京都が都であったからであります。

幕府《ばくふ》では、家康《いえやす》が御所を御増築申しあげたり、御料《ご》を奉ったりしてから、家光《いえみつ》や綱吉《つなよし》らも、これにならって、朝廷をうやまいました。家宣《いえのぶ》は、白石《はくせき》の意見をいれて、宮家の御創立《ごそうりつ》を奏上しましたし、やがて将軍吉宗《よしむね》は、幕府の建物に御所をまねたところがあったので、これを取り除いて、つつしみの心をあらわしました。その後、天明《てんめい》年間には、京都の大火で、おそれ多くも御所が焼けましたので、時の老中松平定信《ろうじゅうまつだいらさだのぶ》は、将軍の命を受けて、りっぱにこれを御造《ご》営申しあげました。

しかし、その幕府も、自分の勢を張りたいために、朝廷に対し、ずいぶん申しわけないこと

二条城の内部

もしているのです。京都所司代《しょしだい》という役目を置き、こまごまと規則を作って、朝廷の御政治《ごせいじ》や御《ご》日常に、さし出がましいふるまいに及びました。おそれ多くも朝廷では、寛永《かんえい》三年、後水尾天皇が二条城《にじょうじょう》へお出ましになって以来、二百三四十年の間、行幸《ぎょうこう》の御《おん》事も、御心のままにはならない御有様《おんありさま》でありました。嵐山《あらしやま》の桜が咲いても、高尾《たかお》の紅葉《もみじ》が色づいても、これをごらんになることが、できなかったのであります。

　幕府は、西《さい》国の大名《だいみょう》が、参勤交代《さんきんこうたい》の時に京都を通ることを、禁じています。そこで国民の中には、幕府のあることを知って、皇室の御恵みをいただいていることに気づかないものが、多くなって行くという有様でした。

　御代御代の天皇は、こうした幕府のわがままをお戒《いまし》めになるとともに、つねに民草《たみくさ》をおいつくしみに

後光明天皇

なり、また、学問をおはげましになって、わが国の正しい姿を明らかにするようになさいました。

後陽成天皇は、朝廷の御《おん》儀式にくわしくいらせられ、日本書紀《にほんしょき》の神代の巻《まき》を印刷《いんさつ》して、世におひろめになりました。後水尾天皇も、和歌を始め国史・国文・制度などを、深く御《ご》研究になりました。こうして御《おん》二代の間に、学問の盛んになる基《もとい》をお築きになりました。

更に第百十代後光明《ごこうみょう》天皇は、御幼少《ごようしょう》の時から、日課《にっか》をきめて学問におはげみになり、御年十一歳で御位をおつぎになりました。つねに公家《くげ》の気風《きふう》をおひきしめになり、また、幕府のわがままをお戒めになりました。

御《おん》父後水尾上皇が、御《ご》病気におかかりになった時のことであります。天皇は、たいそう御《ご》心配になって、ただちにお見まいのため、お出ましの旨を仰せ出されました。すると、時の所司代板倉重宗《いたくらしげむね》が、幕府に問い合わせる間、しばらくの御猶予《ごゆうよ》を御願い申しあげましたので、「朕《ちん》の外出がそれほど気がかりならば、皇居《こうきょ》から上皇の御所まで長廊下《ながろうか》をつけよ」ときびしく重宗をお戒めの上、したしく上皇をお見まいになりました。また、天皇が剣道《けんどう》をお好《この》みになるので、重宗は「江戸に聞えると、困ったことになります。おやめくださらないと、臣は切腹いたさなければなりません」とお側《そば》のものまで申し出ました。「ではさっそく切腹せよ。まだ武人の切腹を見たことがないから、したしく見物するであろう」との仰せであります。さすがの重宗も、すっかり恐れ入って、深くおわびを申しあげたということです。こうして、幕府のさし出がましいふるまいを、きびしくお戒めになったので、幕府も、だんだんつつしむようになりました。綱吉が将軍に任じられると、やがて朝鮮から、祝賀《しゅくが》の使節が来ました。その際《さい》、霊元天皇は、

我国《わがくに》のかぜをやあふぐこま人も
　ことしちさとの波ぢわけきて

とおよみになり、使節の来朝を国威のかがやきとして、お喜びになりました。

東山天皇の御代には、日でりが続いて、賀茂《かも》川の水もとぼしくなり、あたりの百姓《ひゃくしょう》は、農作に困ったことがあります。天皇は、これを聞《きこ》し召し、わざわざ御所の引水をおとめになって、少しでも田がうるおうように、おはからいになりました。百姓たちは、御恵みに感激して、毎

御恵みに感激して

朝仕事を始めるに先だち、はるかに皇居を伏し拝んだということであります。

第百十五代桜町《さくらまち》天皇も、つねに民草の上をお思いになって、

思ふにはまかせぬ世にもいかでかは
　なべての民のこころやすめむ

とおよみになり、第百十六代桃園《ももぞの》天皇は、

神代より世々にかはらで君と臣《おみ》の
　みちすなほなる国はわが国

とおよみになって、君臣《くんしん》の分、わが国がらの尊さを、はっきりとお示《しめ》しになりました。やがて第百十九代光格《こうかく》天皇の天明年間には、数年にわたる

大飢饉《だいききん》があり、食にうえてさまよい歩く民草が、年とともにふえました。天皇は、深く御心配になって、

たみ草に露のなさけをかけよかし
世をもまもりの国のつかさは

とおよみになり、民草の苦しみを救うよう、国々の大名をおさとしになりました。幕府が、とかく目先のことばかり考えて、その本分を忘れ、勝手なふるまいをしがちであるにかかわらず、いつもこうした御恵みをたまわっていることは、まことにおそれ多いきわみであります。

二　名藩主《めいはんしゅ》

諸大名の中には、朝廷の深い御恵みのもとに、「国のつかさ」であることに目ざめて、それぞれ領内の民をいたわり、政治にはげむものが、少くありませんでした。いっぱんに、大名が自分の領地を治める仕組みを、藩政といいます。

家光の代が終るころまで、幕府の取りしまりが特にきびしく、大名の異動《いどう》もはげしかったため、藩政は、あまり振るいませんでした。しかし、やがて世の中が太平になり、取りしまりもゆるやかになると、諸大名は、おちついて政治にはげむことができるようになりました。家光のころ、すでに岡山《おかやま》藩主池田光政《いけだみつまさ》や会津《あいづ》藩主保科正之《ほしなまさゆき》のような名藩主が現れ、学問や産業を興《おこ》して、りっぱな治績《ちせき》をのこしています。ことに正之は、あつく神をうやまい、正しい学問を興して、会津藩の美風の基を開きました。しかし、いっぱんに藩政が振るうようになるのは、もう少したってからのことであります。

家継《いえつぐ》のあとをついで、将軍に任じられた吉宗も、大名の出身で、いわば、藩を治めた腕前を、将軍の政治に発揮《はっき》した人であります。吉宗は、親藩《しんぱん》の紀伊《きい》家に、末子《まっし》として生まれ、十四歳の時、ある小藩の主となりました。しもじもの生活を思いやって、自分も質素な生活を続け、産業を興して、よく領内を治めました。つねに皇室をうやまい、話が朝廷の御事に及ぶと、かならず、いずまいを正したということであります。二人の兄が相ついで病死しましたので、紀伊家へ帰って藩主となり、よく大藩を治めました。やがて、家継が幼少でなくなり、世つぎがないため、迎えられて徳川の本家をつぐことになりました。

中御門天皇の享保《きょうほう》元年、吉宗が将軍に任じられると、まず、倹約をすすめ、武事をはげまして、武士の気風をひきしめました。また、大岡忠相《おおおかただすけ》を江戸の町奉行《まちぶぎょう》に用いるなど、裁判《さいばん》を公平

吉宗が農業をはげます

にし、貧民《ひんみん》のために病院などを建てて、人々をいたわりましたが、特に力を注いだのは、産業の方面でありました。農業が産業の本《もと》であることを考え、諸国の耕地を調べて水利《すいり》をよくし、新田《しんでん》の開《かい》墾《こん》をすすめて、ひたすら米の増収をはかりました。こうして、吉宗一代の間に、耕地《こうち》の面積《めんせき》も米の産《さん》額《がく》も、目だってふえましたので、人々は、吉宗を米《こめ》将軍とたたえました。これまでも、幕府や大名の努力によって、開墾はかなりに進められたのですが、吉宗の代になって、全国の耕地面積は、およそ三百万町歩《ちょうぶ》に達し、秀吉《ひでよし》の時に比べて、約二倍となりました。吉宗はまた、さつまいもの栽培《さいばい》を諸国にひろめて、飢饉に備《そな》えるとともに、朝鮮にんじんやさとうきびの移植《いしょく》を試みて、金銀が海外に流出《りゅうしゅつ》することを防ぎました。諸大名も、吉宗にならって、それぞれ産業の発達をはかり、国々の特色《とくしょく》ある名産が、しだいに増すようになりました。

　このように、吉宗は、よいと思ったことをよく実行しました。幕府の財政《ざいせい》を整えるために、参勤交代のおきてを、一時ゆるめたことさえあります。また、産業を発達させるには、ヨーロッパの学問を取り入れることも必要であると考え、天主教《てんしゅきょう》に関係のない洋書にかぎって、読むことを許しました。特に、青木昆陽《あおきこんよう》を長崎へやって、オランダ語を学び天文学《てんもんがく》を研究して、農業に必要な暦《こよみ》の改良《かいりょう》を企てさせました。だいたい、紀元二千四百年ころのことです。

　わが国民は、昔から、いろいろ工夫《くふう》することにすぐれ、元禄《げんろく》のころには、関孝和《せきたかかず》という偉大《いだい》な算数《さんすう》の学者《がくしゃ》も出ています。吉宗が洋書の禁をゆるめると、理数の学問に対する国民の研究熱は、一だんと高まって行きました。やがて第百十七代後桜町《ごさくらまち》天皇・第百十八代後桃園《ごももぞの》天皇の御代のころから、杉田玄白《すぎたげんぱく》や平賀源内《ひらがげんない》らが現れ、医学や電気学の発達に、力を注ぎました。源内の作った発電機には、オランダ人も、目をみはって驚いたといいます。更に光格天皇の御代には、林子平《はやししへい》や伊能忠敬《いのうただたか》らが出て、地理の学問を興しました。子平は、海国兵談《かいこくへいだん》という本をあらわして、海防の必要を説《と》き、忠敬は、きわめて正確な日本地図を、みごとに作りあげました。佐藤信淵《さとうのぶひろ》や二宮尊徳《にのみやそんとく》が、農業の学問を進めたのも、だいたいこのころのことです。これらの学者は、いずれも労苦《ろうく》を積んで、国のため世のため、学問にはげんだのであります。

　光格天皇の御代に、幕府では、家斉《いえなり》が将軍に任じられ、松平定信が老中になって、政治をた

伊能忠敬の測量

すけました。吉宗が将軍職を退《しりぞ》いてから、約四十年のちのことで、当時、幕府の政治も、人々の気風も、だいぶゆるんでいました。定信は、吉宗の孫に当る人で、松平氏をついで奥州白河《おうしゅうしらかわ》の城主となり、よく領内を治めて、人々にしたわれました。やがて老中を命じられると、倹約をすすめたり、文武をはげましたり、もっぱら吉宗の方針《ほうしん》にならい、真心こめて政治にはげみました。節約させて残った米や銭《ぜに》を、飢饉に備えさせたのも、治績の一つです。こうして、幕府の政治も人々の気分も、ひとまずひきしまりました。

　吉宗や定信が、りっぱな政治をすることのできたのは、皇室を尊び、藩主であったころの苦労を忘れず、真心をこめて事に当ったからです。このころ国々でも、すぐれた藩主が、続々と現れました。中でも、米沢《よねざわ》藩主上杉治憲《うえすぎはるのり》と熊本《くまもと》藩主細川重賢《ほそかわしげかた》とは、いずれも、学問をすすめ産業を興し人々をいたわって、東西に名藩主

定信が海岸を巡視する

のほまれを残しました。

ところで、このころわが国は、もう国内の太平にばかり安んじていることができなくなりました。海外の形勢《けいせい》がすっかり変って、イギリス・フランス・ロシアなどの強国が、しきりに東亜を侵略《しんりゃく》し、わが国へもだんだんせまって来たのです。子平が海国兵談の中に、「江戸の日本橋《にほんばし》とヨーロッパとは、水でつながっている。相手が攻めようとさえ思えば、どこへでも上陸することができる」と述べて、国民を戒めたのは、寛政《かんせい》三年（紀元二千四百五十一年）のことでした。しかも翌年、果してロシアの船が、根室《ねむろ》へ来て通商を求めました。さすがの定信も、大いに驚いて、沿海《えんかい》諸国の大名に海防を命じるとともに、五年には、自分で伊豆《いず》・相模《さがみ》などの海岸を巡視しました。

まもなく、定信が職を退いて、家斉が自分で政治をとりました。しかも家斉は、この大事な時に気がゆるんで、ぜいたくな生活にふけり、幕府の勢は、しだいに衰えるようになりました。

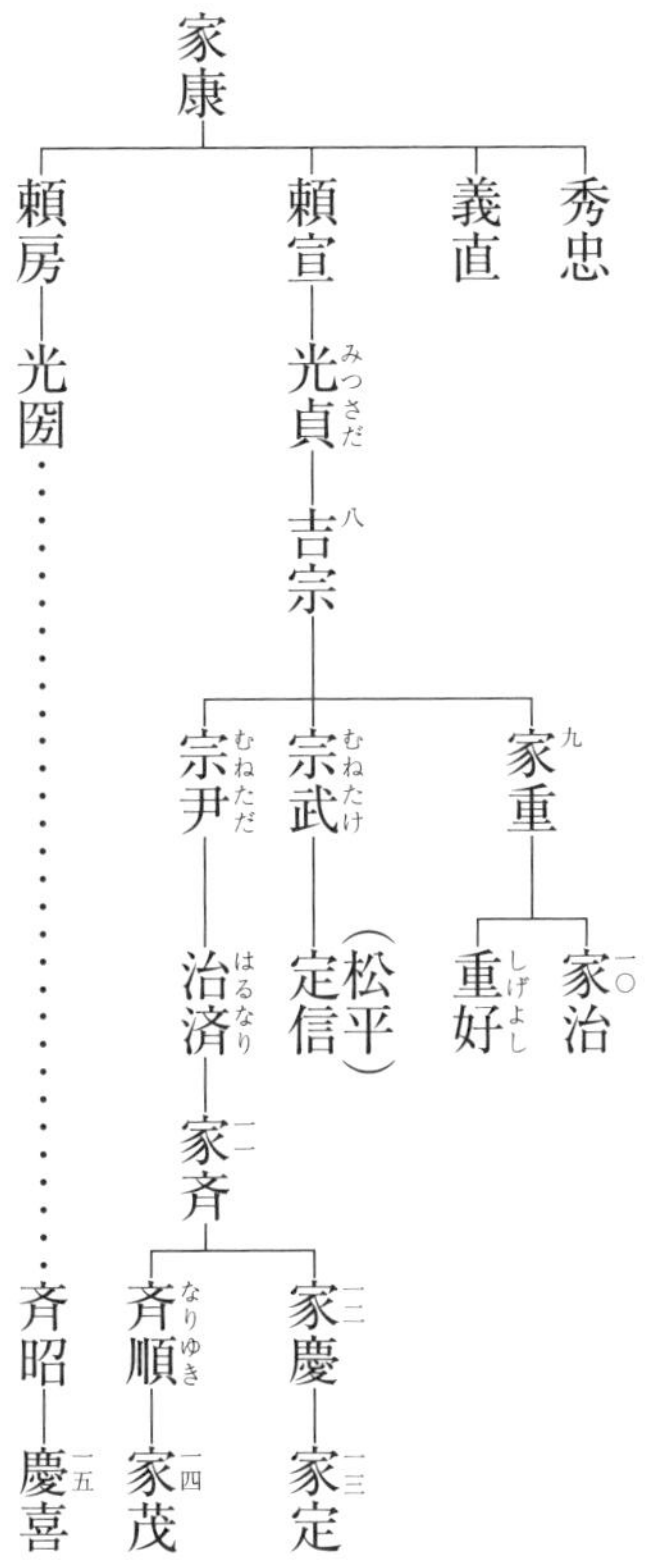

三　国学《こくがく》

万一、諸外国が日本に攻め寄せた場合、何よりも大切なことは、国民が尊い国がらをよくわきまえ、心を一つにして、敵に当ることであります。それには、国民が、国のため、正しい学問をして、大和心《やまとごころ》をしっかりと持っていなければなりません。こうした正しい学問を進めた人に、徳川光圀《とくがわみつくに》や本居宣長《もとおりのりなが》らがありました。

皇室の御奨励《ごしょうれい》によって、学問は、まず京都を中心に発達しました。家康も、政治をするには、学問が必要であると考え、学者を招いたり古書を出版《しゅっぱん》させたりしましたので、学問は、江戸でも、しだいに盛んになって行きました。ことに綱吉は、江戸の湯島《ゆしま》に幕府の学問所《じょ》を開き、熱心に学問を奨励しました。こうして、元禄のころには、上方にも江戸にも、名高い学者が続々と現れました。

諸大名の中にも、学者を招き学校を興して、藩の教育につとめるものが、年とともに多くなりました。わけても、親藩の水戸《みと》藩主、徳川光圀は、皇室を尊び、神をうやまい、日本のため、正しい学問をうち立てることにつとめました。光圀が生まれたのは、ちょうど浜田弥兵衛《はまだやひょうえ》が、台湾でオランダ人をこらしめたころのことであります。

光圀は、家康の孫に当ります。しかも、幕府がわがままであることを、いつも心配していました。毎年元旦《がんたん》には、礼服に身を正して、はるかに皇居を伏し拝み、また、つねに家臣を戒めて、「われわれの主君は、天皇であらせられる。将軍は、徳川の主であるに過ぎない。この点をまちがえてはならないぞ」といいきかせました。それというのも、幕府の威勢が強いので、武士たちの中には、ややもすると、皇室の御恵みを忘れ奉るものがあったからです。武士がそうですから、いっぱんの国民は、なおさらのことです。光圀は、深くこれをなげき、北畠親房《きたばたけちかふさ》

梅の花のようにけだかく

のことをしのぶにつけても、正しい国史の本をあらわし、尊い国がらを明らかにして、人々をみちびかなければならないと考えました。

まず、京都の学者山崎闇斎《やまざきあんさい》の門人や、多くのすぐれた学者を招き、第百十一代後西《ごさい》天皇の御代に、いよいよ国史の編纂《へんさん》にかかりました。光圀自身も、古書を調べ、編纂を統《す》べ、特に、正成《まさしげ》始め吉野《よしの》の忠臣の事蹟《じせき》を明らかにしようと、つとめました。その国史は、光圀一代の間に、主《おも》な部分はできましたが、何ぶんにも、大がかりな計画《けいかく》なので、その後、子孫《しそん》代々、これを受けつぎ、二百五十年という長い年月を経《へ》て、明治三十九年に、やっと完成しました。これが、名高い大日本史《だいにほんし》であり、この事業が進むにつれて、水戸藩には、大義名分を説く学者が次々に現れ、その学問は、世に水戸学といわれて、国民の尊皇《そんのう》精神をひき起す大きな力

楠公の碑

となりました。

光圀は、やがて隠居《いんきょ》し、元禄年間、西山《にしやま》に、きわめて質素な住居《すまい》を構《かま》えて、梅の花のような、けだかい生活を送りました。しかも、たゆみなく大日本史の編纂を進め、また正成の碑《ひ》を湊川《みなとがわ》に建て、みずから筆をとって、これに「嗚呼《ああ》忠臣《ちゅうしん》楠子之墓《なんしのはか》」としるし、その忠誠《ちゅうせい》を世にあらわしました。ゆきかう人々は、この碑を仰いで、正成の忠誠を心に深く刻みました。また、吉野の忠臣の事蹟をたたえた太平記《たいへいき》も、このころ盛んに愛読され、尊皇の精神は、しだいに国民を目ざめさせるようになりました。

学者の中には、わが国の古書を研究し、特に、古い国語をくわしく調べて、大和心をはっきりさせる必要があるという考えから、万葉集《まんようしゅう》や古事記《こじき》を研究するものが、次々に現れて来ました。こうして興った新しい学問を、国学といいます。

光圀は、早くこれに目をつけ、大阪の僧契沖《けいちゅう》が、古いことばにくわしいと聞いて、これに万

鈴の屋の宣長

葉集の解釈《かいしゃく》を頼みました。その後、京都の荷田《かだ》春満《あずままろ》、遠江《とおとうみ》の賀《か》茂《も》真淵《まぶち》、伊勢《いせ》の本居宣長らが、次々に出て、ますます国学の研究を進めました。宣長は、寛政のころの人で、いわば、国学を大成した学者であります。

　宣長は、学者の中に、支那を尊びわが国をいやしむものが多いのをなげき、日本の国がらが、万国にすぐれていることを明らかにするため、多くの本をあらわしました。中でも名高い古事記伝《こじきでん》は、古事記をくわしく研究したもので、宣長は、これを作りあげるのに、三十余年の長い年月を費しました。質素な四畳半《よじょうはん》の書斎《しょさい》に閉じこもって、夜となく昼となく著述《ちょじゅつ》にはげみ、つかれると、部屋《へや》のすみにかけてある鈴《すず》をならして心を慰めながら、また筆をとったということです。その書斎を鈴の屋というのは、こうしたことから、つけられた名であります。

宣長は、桜の花を好み、みずからえがいた肖像画《しょうぞう》に、

敷島の大和心を人とはば
朝日ににほふ山桜花

と書きそえていますが、この歌は、わが国民の精神を、いかにもよくよみあらわしており、広く世に伝えられ、もてはやされている名歌です。

宣長の門人は、全国にわたって五百人に近く、いずれも師の志をついで、その説を世にひろめました。中でも、出羽《でわ》の平田篤胤《ひらたあつたね》は、幕府をはばかることなく、盛んに尊皇の大義を説き、人々に深い感銘《かんめい》を与えました。

篤胤と同じころの学者頼山陽《らいさんよう》は、二十年の心血《しんけつ》を注いで、日本外史《にほんがいし》という本をあらわし、特に、楠木《くすのき》氏や新田《にった》氏らの忠誠をたたえました。尊皇の熱情にみちあふれたその文章は、人々を深く感動させました。

こうした学者の研究や主張《しゅちょう》が、しだいに世の中にひろまるとともに、一方尊皇の運動は、早くも、桃園天皇の御代に起りました。すなわち、京都に竹内式部《たけのうちしきぶ》、江戸に山県大弐《やまがただいに》らが現れ、

彦九郎が御所を伏し拝む

ひそかに尊皇の大義を説いて幕府を非難《ひなん》し、重い刑罰《けいばつ》に処《しょ》せられました。しかし、ひとたびもえあがった火は、幕府の力でおさえきることができないのです。やがて光格天皇の御代には、高山彦九《たかやまひこく》郎《ろう》・蒲生君平《がもうくんぺい》が出て、ともに、その一生を尊皇の大事にささげました。

彦九郎は、上野《こうずけ》に生まれ、十三歳の時、太平記を読んで、尊皇の熱意にもえたちました。大きくなるにつれて、忠誠の心はいよいよ深く、諸国をまわって、大義名分を説きました。途中京都を通る時は、かならず御所を伏し拝み、感涙《かんるい》をおさえることができませんでした。のち、筑後《ちくご》の久留米《くるめ》で、時勢をなげいて自害しましたが、息をひきとるまで、かたちを正して、はるかに皇居を拝んでいたということです。

君平は、下野《しもつけ》の人で、各地の御陵《ごりょう》を巡拝し、第

君平が御陵を巡拝する

百二十代仁孝《にんこう》天皇の御代に、山陵志《さんりょうし》という本をあらわして、朝廷に奉り、また幕府にも、さし出しました。山陵志が出て、今まで世に知られていなかった御陵も明らかになり、荒れていた御陵は、のちに、だんだん御修理申しあげるようになりました。

　こうした人々の努力によって、国民は、わが国がらの尊さを知り、外国の船が日本をうかがい始めた寛政のころから、尊皇の精神が、しだいに高まって行きました。明治の御代、朝廷では、尊皇の志の厚かった、これらの人々に対し、その功をおほめになって、それぞれ位をお授けになりました。

第十一　うつりゆく世《よ》

一　海防《かいぼう》

幕府《ばくふ》が国を鎖《とざ》して、およそ百五十年の間に、海外の形勢《けいせい》が、すっかり変りました。まず、オランダが盛んになり、一時は、世界中の貿易《ぼうえき》を独占《どくせん》するのではないかと思われるほどでしたが、あまりに利益《りえき》をむさぼって、各地の人々からきらわれ、かつ海軍が振るわないため、しだいに衰えてしまいました。これに代って栄《さか》えたのが、イギリスであります。

イギリスは、東山天皇の御代、富士に宝永山《ほうえいざん》ができた年に、本国が一だんと大きくなり、勢に乗じて、インドの侵略《しんりゃく》を進めました。また、北アメリカから、オランダやフランスの勢力を追い払って、その産物や貿易の利益を占め、やがて、世界でいちばんゆたかな国になりました。ところで、イギリスは、北アメリカへ渡った移民《いみん》に対し、いろいろむごい仕打ちをしましたので、それら移民は、ついに反旗をひるがえし、本国から独立して、新《あら》たにアメリカ合衆国《がっしゅうこく》という国を建てました。光格天皇の天明《てんめい》年間、今から百六十年ばかり前のことであります。

一方ロシアは、わが天正《てんしょう》のころから、シベリアの侵略を始めていました。どしどしと東へ手

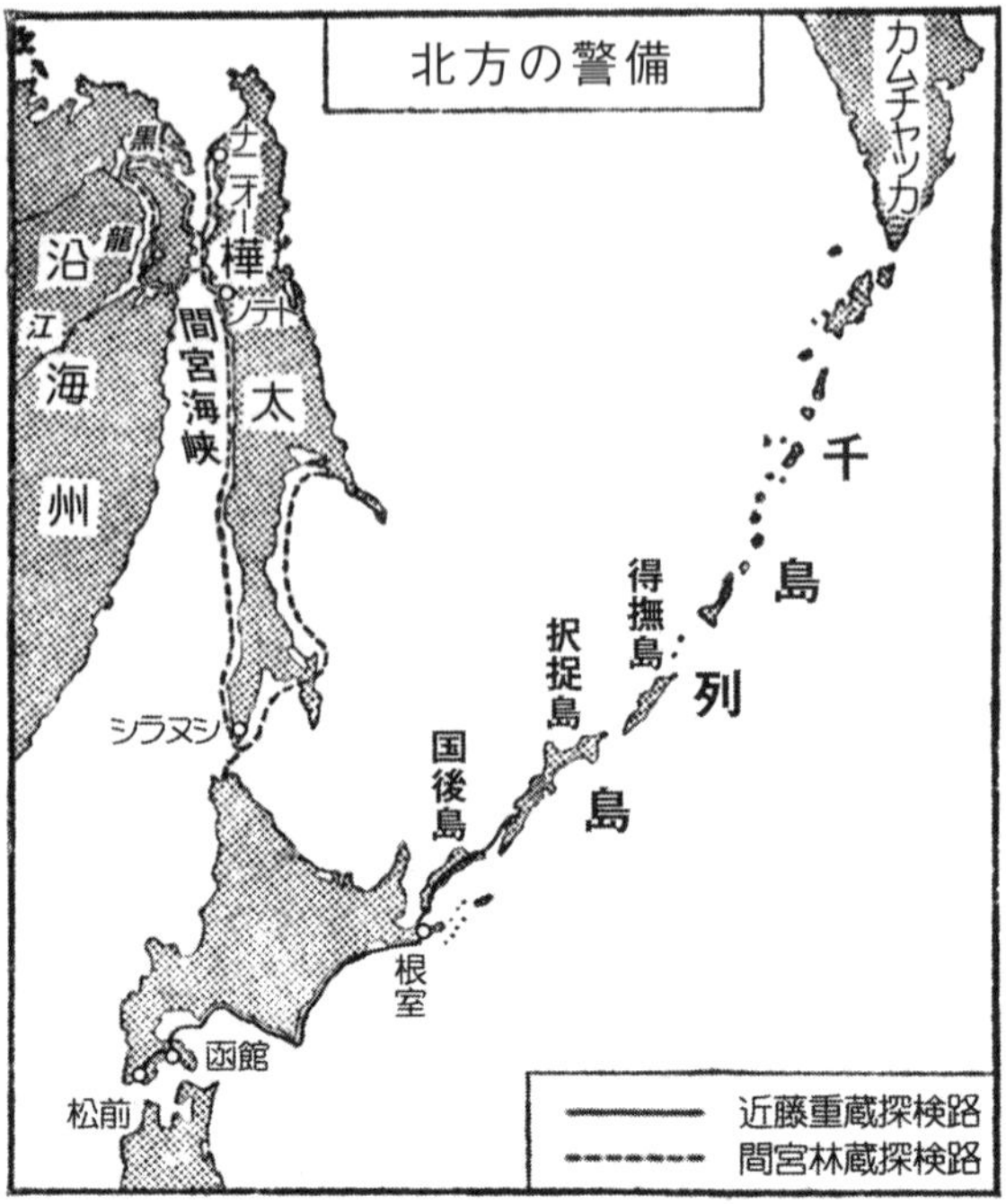

をのばし、やがて満洲の北境《ほくきょう》にせまりました。そこから更に南へくだって、どこかに不凍港《ふとうこう》を得ようとするのです。そのころ、満洲や支那を治めていた清《しん》は、兵を出してたびたびこれを退《しりぞ》け、条約を結んで、外興《そとこう》安嶺《あんれい》を国境と定めました。ロシアは、仕方なく進路を東へ転じて、カムチャッカ半島を占領しました。これもちょうど、わが国では、宝永山のできた年に当ります。ここを根城にして、なお東の方、アリューシャン列島からアラスカを侵略し、更に南下して、千島《ちしま》列島をうかがい、イルクーツクに日本語学校を設置するなど、わが国を侵略する準備を整えました。寛政四年、ロシアの使節が根室《ねむろ》へ来たのは、こうした野心《やしん》の現れであります。

幕府は北方が危いと知って、急いで海防の手配りをし、近藤重蔵《こんどうじゅうぞう》に蝦夷地《えぞち》を巡視させ、高田《たかだ》屋嘉兵衛《やかへえ》に択捉島《えとろふとう》で漁場を開かせ、また伊能忠敬《いのうただたか》に蝦夷地の測量を命じました。更に、箱館《はこだて》奉《ぶ》行《ぎょう》を置き、南部《なんぶ》・津軽《つがる》の二藩《はん》にも、北方の警備を命じました。やがて文化《ぶんか》元年、またもやロシアの使節が長崎《ながさき》へ来て通商を求めましたが、千島・樺太《からふと》に対するロシアの圧迫《あっぱく》は、このころ一だんと加りました。幕府は、沿海《えんかい》の諸藩に命じて、ますます海防をきびしくさせ、乱暴《らんぼう》をはたらいた外国船の打ち払いを許すことにしました。また、箱館奉行を松前《まつまえ》奉行と改め、仙台《せんだい》・会《あい》津《づ》二藩の兵を警備に加えて、北方の守りを固めました。間宮林蔵《まみやりんぞう》が、幕府の命を受けて、樺太や沿海州を探検《たんけん》したのも、この時のことであります。

折も折、イギリスの軍艦が、長崎港をおそって乱暴をはたらき、時の長崎奉行松平康英《まつだいらやすふさ》が、責任《せきにん》を感じて切腹するさわぎが起りました。その後英艦は、しきりにわが近海に出没し、仁孝天皇の文政《ぶんせい》元年に、シンガポールを占領してから、その乱暴は、いよいよ激しくなりました。国民は、大いにこれを憤《いきどお》り、攘夷《じょうい》の気勢が、年とともに高まって行きました。幕府も、ついに決心して、文政八年「わが近海に近よる船は、見つけしだい、これを打ち払え」との命令をくだし、

韮山の反射炉

高島四郎太夫《たかしましろだゆう》・江川太郎左衛門《えがわたろざえもん》らを用《もち》いて、新しい兵器や戦術を研究させ、軍備の充実《じゅうじつ》をはかりました。

諸大名《だいみょう》の中でも、水戸《みと》の徳川斉昭《とくがわなりあき》を始め、薩摩《さつま》の島津斉彬《しまづなりあきら》、佐賀《さが》の鍋島直正《なべしまなおまさ》、福井《ふくい》・宇和《うわ》島《じま》・津《つ》の諸藩主など、盛んに攘夷をとなえ、かつ海防のことにつとめました。わけても斉昭は、光圀《みつくに》の志をついで、尊皇《そんのう》の心に厚く、弘道館《こうどうかん》という学校を建てて、大いに文武の道をはげまし、盛んに大砲を造《つく》って、攘夷の準備を整えました。

ところが、このころ、幕府も大名も、いっぱんに費用《ひよう》がとぼしく、十分な軍備を整えることができません。また、長い間の太平になれて、人々の心は、なかなか引きしまらず、一時あがった攘夷の気勢も、とかくにぶりがちです。その上、天保《てんぽう》年間には、全国に飢饉《ききん》があり、大塩平八郎《おおしおへいはちろう》が乱を起し、老中水野忠邦《ろうじゅうみずのただくに》の政治改革《せいじかいかく》も評判《ひょうばん》がよくないという有様《ありさま》です。しぜん、渡辺崋山《わたなべかざん》や高野長英《たかのちょうえい》のように、開港をとなえるものも現れました。これらの人々は、洋学をまなんで、ひととおり海外の形勢を知っていましたので、しばらく攘夷をひかえて通商を許し、まず国力を養うことが大切であると考えたのです。幕府は、人々の心をまどわすものとして、これを罰《ばっ》しました。

やがて天保十一年、ちょうど紀元二千五百年に、清と英国との間に阿片戦争《あへんせんそう》が起り、清のやぶれたことが、わが国へ伝わりました。幕府は驚いて、天保十三年、前に出した外国船打ち払いの命令をゆるめました。英国は、清と条約を結んで香港《ほんこん》を取り、東亜を侵略する根城を、更に加えたのであります。この形勢を見て、佐久間象山《さくまぞうざん》や高島四郎太夫は、国防充実の必要をとなえ、佐藤信淵《さとうのぶひろ》も、国力を養い、進んで南方に根城を構《かま》え、清と結んで西洋《せいよう》諸国の侵略を防がなければならないと説《と》きました。それに、弘化《こうか》元年には、オランダが使節を来朝させ、清のやぶれたようすをくわしく述べて、しきりに開国をすすめますし、米国《べいこく》も東亜へ手をのばし、清と通商条約を結ぶ有様です。幕府は、文化・文政から天保にかけての四十年の間に、すっかり衰えました。オランダの申し出をこばんで、海防につとめながらも、鎖国《さこく》か開港かに迷い始めました。

孝明天皇

しかもこの間に、御稜威《みいつ》のもと、攘夷の実行を説く尊皇攘夷論《ろん》が、水戸藩を中心に、猛然と起りました。幕府のあいまいな態度を責める声が、日ごとに高まって行きます。こうした中に、弘化三年、孝明天皇が、御年十六歳で、御位をおつぎになったのであります。

二　尊皇攘夷《そんのうじょうい》

孝明天皇御製《ぎょせい》

あさゆふに民《たみ》やすかれと思ふ身の
　こゝろにかかる異国《ことくに》のふね

かしこくも孝明天皇は、国初以来かつてない困難《こんなん》な時勢に際《さい》し、たじろぐ幕府をはげまし、ふみ迷う民草をみちびいて、ひたすら難局の打開《だかい》に、おつとめになりました。特に、外交《がいこう》の事については、日夜御心《にちやみ》を用いさせられ、わが国威を傷つけないようにと、つねに幕府をおさとしになりました。

天皇が御位をおつぎになったころ、わが港湾をうかがう外夷には、新たにアメリカ合衆国が加りました。アメリカは、独立後西方へ領土をひろめ、嘉永《かえい》元年には、ついに太平洋岸に達しました。しかも、太平洋における活動の基地をわが国に求め、嘉永六年、ペリーを使節として、通商をせまって来ました。

ペリーは、戦艦四隻を率い、途中小笠原《おがさわら》諸島や琉球《りゅうきゅう》列島の占領をもくろみながらも、ひとま

黒船の来航

ず浦賀《うらが》に錨《いかり》を投《とう》じ、盛んに空砲を放って人々をおびやかし、幕府に国書をさし出しました。その夜、浦賀の山々、海岸一たいに、かがり火がもえさかり、夜通し警鐘が鳴り響いて、ものものしい光景を呈《てい》しました。幕府は、事重大と見て、返答《へんとう》を翌年に延し、やっとペリーをかえしたのち、ただちにこの事を朝廷に奏上しました。

一方幕府は、諸大名の意見をききましたが、攘夷論が盛んであるのにかんがみ、攘夷の方針《ほうしん》を立て、ひたすら海防につとめ、鎖国以来堅く禁じていた大船の建造《けんぞう》も、この際に許すことにしました。ペリーが来た翌月、ロシアの使節もまた長崎へ来て、通商を求めましたが、これも後日を約して、引き取らせました。

早くも年が改って、安政《あんせい》元年となり、ペリーは、ふたたび神奈川《かながわ》沖へ来て、返答を求めました。ところが幕府は、海防に自信がないので、攘夷の決心もくじけ、とりあえず和親《わしん》条約を結び、下《しも》田《だ》・函館《はこだて》の二港を開いて、燃料《ねんりょう》や食料などの供給《きょうきゅう》を約束しました。ついで、イギリス・ロシア・オランダとも、ほぼ同様《どうよう》の条約を結び、ロシアとの国境問題は、千島を分有、樺太を共有と定めました。

安政三年、和親条約に基《もと》づき、米人ハリスが、総領事として着任し、やがて、将軍家定《いえさだ》に謁《えっ》して、世界の形勢を説き、たくみに通商をすすめました。幕府もついにこれを認め、通商条約の草案を作って、安政五年、勅許《ちょっきょ》を仰ぎました。ところで、諸藩の間には、かねて攘夷の気勢が強く、幕府が和親条約を結んだことさえ、非難《ひなん》の的になっている際です。天皇は、国民の意見がまちまちであるのを、たいそう御《ご》心配になり、なおよく諸大名との評定《ひょうじょう》をつくすようにと、おさとしになりました。幕府は、進退きわまり、彦根《ひこね》藩主井伊直弼《いいなおすけ》を大老《たいろう》に挙《あ》げて、この難局に当らせました。

このころ、英・仏《ふつ》の連合軍《れんごうぐん》が、清を破って天津《てんしん》の砲台をおとしいれ、勝ちに乗じて、わが国をおそうとのうわさが伝わりました。ハリスは、この形勢を説いて、条約の調印《ちょういん》をせまります。直弼は、事を長引かせてはかえって不利と思い、ついに勅許を待たずに「安政の仮《かり》条約」に調印し、ついで、オランダ・ロシア・イギリス・フランスとも、ほぼ同様の条約を結びました。しかも、この条約は、函館・神奈川・長崎・新潟《にいがた》・兵庫《ひょうご》の五港を開いて貿易を許したことのほ

松下村塾の人々

かに、わが国にとって、ずいぶん不利な点の少くないものでありました。

徳川斉昭らの大名や、吉田松陰《よしだしょういん》らの志士《しし》は、幕府が国威を傷つけたことをなげきもし、また憤りもしました。その上、将軍家の世嗣《よつぎ》問題もからまって、直弼を非難する声は、いよいよ激しくなりました。そこで直弼は、幕府に反対する公家《くげ》・大名や、松陰を始め橋本左内《はしもとさない》・梅田雲浜《うめだうんぴん》らの志士数十人をきびしく罰して、このさわぎをしずめようとしました。

尊皇の心にもえる志士たちは、幕府の命によって、次々にいたましい最期《さいご》をとげました。

身はたとひ武蔵《むさし》の野辺《のべ》にくちぬとも
とどめおかまし大和《やまと》だましひ

松陰は、こう歌って、国家の前途をうれえながら、まだ三十歳という若さで、惜しくもたおれました。しかし、松下村塾《しょうかそんじゅく》で育った人たちは、よく松陰の志を受けつぎ、また水戸の弘道館からも、続々尊皇の志士が現れました。

こうして直弼は、攻撃の矢面《やおもて》に立ち、万延《まんえん》元年三月三日、ついに水戸の浪士《ろうし》におそわれて、桜田門《さくらだもん》外でたおれました。昨日《きのう》は心ならずも志士を斬《き》り、今日は思いがけなく志士に刺《さ》される。わが国にとってのよくよくの難局でありました。ともあれ、直弼の死によって、幕府はその威厳を失い、尊皇攘夷をとなえる人々は、やがて幕府を倒そうと考えるようになりました。

幕府は、朝廷におすがりして、世の信用をとりもどそうとつとめましたが、これがかえって志士たちを憤らせました。その上、諸外国の居留民は、おうへいにいばります。あれやこれやで、攘夷の気勢は、わき立つばかりです。

万延元年、水戸の斉昭がなくなると、尊皇攘夷の中心は、東から西へ移って、薩摩・長門《ながと》・土佐《とさ》諸藩の志士が続々上洛《じょうらく》し、京都は、急に活気づいて来ました。文久《ぶんきゅう》二年には、薩摩の島津久光《ひさみつ》が、大兵を率いて入京します。やがて、長門・土佐を始め西国《さい》の諸藩主が、次々に上洛する有様でした。

おそれ多くも孝明天皇は、何とかして幕府に政治を改めさせ、国民の心を一つにしたいものとお考えになり、西国の諸藩も、幕府が人材を用いて、失政をつぐなうようにと望みました。

実美が勅を家茂に伝える

そこで天皇は、まず勅使大原重徳《おおはらしげとみ》を江戸《えど》へおくだしになって、政治の立て直しをお命じになり、更に勅使三条実美《さんじょうさねとみ》を以て、攘夷の決行を仰せつけになりました。将軍家茂《いえもち》は、つつしんで仰せに従い、徳川斉昭の子一橋慶喜《ひとつばしよしのぶ》らを幕府に入れて政治を改め、松平容保《まつだいらかたもり》に京都の守護を命じ、文久三年、みずから上洛して、攘夷の日どりなどを奏上しました。

ところが、このころ長州藩と薩摩・会津などの諸藩との間に、攘夷に対する意見のへだたりから、不和が起りました。朝廷でも、攘夷を一時お見合わせになりましたので、攘夷に熱心な長州藩は、すっかり面目《めんもく》を失い、志士はあせって、大和や但馬《たじま》で、尊皇攘夷の旗あげをする有様でした。

元治《げんじ》元年、長州の藩兵が、京都で薩摩・会津などの藩兵と衝突《しょうとつ》し、勢あまって、宮門《きゅうもん》をおかしました。朝廷では、幕府に長州をお討たせになりましたが、藩主らが、ひたすら罪《つみ》をおわび申しあげましたので、事はおだやかに、おさまりました。やがて朝廷では、内外の形勢に照らして、慶応《けいおう》元年、通商条約を勅許あらせられ、薩・長の間も、土佐の坂本龍馬《さかもとりょうま》らの努力によって、もと通り仲よくなりました。

ところで、幕府は、力もないのに、あくまで長州藩をこらしめようとして、慶応二年、長州の再征を企てましたが、かえってさんざんにやぶれ、この形勢不利のうちに、家茂は、大阪城でなくなりました。朝廷では、戦を中止するようお命じになり、やがて慶喜を征夷大将軍《せいいたいしょうぐん》にお任じになりました。

慶応二年の暮れ近く、孝明天皇は、御《おん》病のため、御年三十六歳で、おかくれになりました。御代は、弘化・嘉永・安政・万延・文久・元治・慶応にわたって二十一年、内外多事の折から、片時も御心をおやすめになるおひまもありませんでした。かしこくも、皇祖皇宗の神霊《しんれい》に、ひたすら国難を除くことをお祈りになり、万民をいつくしんで、つねに、その進むべき方向をお示《しめ》しになりました。朝廷の御《ご》威光は、年とともに高まり、諸政一新の大御業《おおみわざ》も、まさに成《な》ろうとする時、にわかに、おかくれになったのであります。まことに、おそれ多くもまた、悲しいきわみでありました。

第十二　のびゆく日本《にっぽん》

一　明治《めいじ》の維新《いしん》

孝明天皇がおかくれになり、第百二十二代明治《めいじ》天皇が御位をおつぎになりました。天皇は、嘉永《かえい》五年の秋深く、菊花《きっか》の香《かお》りも清らかなよき日に、めでたく御降誕《ごこうたん》になりました。まだ御幼少《ごようしょう》の時、孝明天皇に従って、御所の日の御《ご》門で、藩兵《はんぺい》の演習をごらんになったことがあります。百雷の一時に落ちるような大砲の響きに、人々はただ身をふるわせていましたが、天皇は、御《おん》顔の色うるわしく、御《ご》熱心にごらんになったということであります。御位をおつぎになったのは、御年十六歳の時でありました。

走馬燈《そうまとう》のような、めまぐるしい世の移り変りも、慶応《けいおう》三年に入って、しだいにおちついて来ました。衰えはてた幕府《ばくふ》には、もう国事をさばく力がありません。そこで、三条実美《さんじょうさねとみ》・岩倉具《いわくらとも》視《み》らの公家《くげ》は、薩摩《さつま》藩士西郷隆盛《さいごうたかもり》・大久保利通《おおくぼとしみち》、長州藩士木戸孝允《きどたかよし》らとともに、幕府を倒そうとはかりました。土佐《とさ》の前藩主山内豊信《やまうちとよしげ》は、このなりゆきを心配し、家臣後藤象二郎《ごとうしょうじろう》を将軍慶喜《よしのぶ》のもとへつかわして、大政《たいせい》の奉還《ほうかん》をすすめました。

御位をおつぎになる

慶喜は、斉昭《なりあき》の志をついで、もともと尊《そん》皇《のう》の心に厚く、またよく時勢を見抜いていましたので、こころよく、豊信のすすめに従いました。そこで、一族・家臣・諸藩主の意見をまとめ、参内《さんだい》して大政の奉還を奏《そう》請《せい》するとともに、積りに積った幕府の失政《しっせい》を、深くおわび申しあげました。天皇は、その真心をおほめになり、ただちに申し出をおきき入れになりました。時に紀元二千五百二十七年、慶応三年で、江戸《えど》に幕府が開かれてから、およそ二百六十年の年月が過ぎ去りました。前後七百年近く続いた武家政治も、ここにまったく終りをつげたのであります。

天皇は、その年の十二月、神武天皇の御創業《ごそうぎょう》の昔にたちかえり、御《おん》みずから、いっさいの政治をお統《す》べになる旨を、仰せ出されました。まず、摂政《せっしょう》・関白《かんぱく》・征夷大将軍《せいいたいしょうぐん》などの官職をおやめになり、新《あら》たに総裁《そうさい》・議定《ぎじょう》・参与《さんよ》の三職をお定めになって、有栖川宮熾仁親王《ありすがわのみやたるひとしんのう》に総裁を、皇族の方々、維新の功臣に、議定あるいは参与をお命じになり、政治をおたすけさせになりました。これを王政復古《おうせいふっこ》と申しあげています。やがて各国の使節をお召しになり、王政復古の旨をつげ、開国和親《わしん》の方針《ほうしん》をお示《しめ》しになりました。

天皇は、諸政を一新し国力を充実《じゅうじつ》して、皇威を世界にかがやかす思し召しから、まず、政治の根本方針をお立てになりました。明治元年三月、文武百官を率いて紫宸殿《ししんでん》に出御《しゅつぎょ》、天地の神々を祭って、この御《ご》方針をお誓いになり、更に、これを国民にお示しになりました。すなわち、

一、広く会議《かいぎ》を興《おこ》し、万機公論《ばんきこうろん》に決すべし。
一、上下《しょうか》心を一にして、盛《さか》に経綸《けいりん》を行《おこな》うべし。
一、官武一途庶民《しょみん》に至る迄《まで》、各其《おのおのその》志を遂《と》げ、人心《じんしん》をして倦《う》まざらしめん事を要す。
一、旧来の陋習《ろうしゅう》を破り、天地の公道に基《もと》くべし。
一、智識《ちしき》を世界に求め、大《おおい》に皇基を振起《しんき》すべし。

の五箇条がそれで、世に、これを五箇条の御誓文《ごせいもん》と申しあげています。文武百官は、しみじみ任務の重大なことを感じ、決死の覚悟で職務にはげむことを、お誓い申しあげました。ここ

維新のしるし

に、新政の基《もとい》はいよいよ定まり、国民は、聖恩に感泣《かんきゅう》して、新しい日本のかどでを、心から喜び合いました。

やがて天皇は、即位《そくい》の礼を紫宸殿でお挙《あ》げになりました。御《おん》儀式もまた、古《いにしえ》にたちかえって、荘厳《そうごん》であり盛大でありましたが、承明門《しょうめいもん》内の中央には、直径三尺六寸余の大地球儀が、御代の栄《さか》えをことほぐように、飾《かざ》られていました。この地球儀は、天皇のお生まれになった嘉永五年に、徳川斉昭《とくがわなりあき》が奉ったものであります。ついで、慶応四年を明治元年とお改めになり、一世一元《いっせいいちげん》の制をお立てになりました。

天皇はまた、人心を新たにする御《み》心から、遷都《せんと》のことをお思い立ちになり、江戸を東京と改めて、まず行幸《ぎょうこう》になりました。鹵簿《ろぼ》はしずしずと、東海道をお進みになり、かしこくも、鳳輦《ほうれん》を各地におとどめになって、民草《たみくさ》の生業にいそしむ有様《ありさま》をごらんになりました。沿道《えんどう》の民は、この御《ご》盛儀と御《み》恵みを拝して、ただ感涙《かんるい》にむせぶばかりでありました。やがて京都へ還幸《かんこう》にな

東京遷都

り、皇后をお立てになって、翌二年、ふたたび東京へお向かいになりました。まず、伊勢《いせ》の神宮に御《ご》親拝ののち、日を重ねて、東京へお着きになり、ながくここに、おとどまりになりました。しかも後年《こうねん》、即位の礼と大嘗祭《だいじょうさい》とは、特に京都で行うことにお定めになり、千余年の古都のゆかりを、後世にお伝えになったのであります。

こうして日本は、昔ながらの正しい姿にたちかえって、島国から海国への一大発展《はってん》を示しました。しかし、何ぶんにも大きな変化《へんか》ですから、この間、国内には、なお色々のもつれ合いが続きました。

さきに、慶喜が大政を奉還したのち、朝廷では、諸政一新の思し召しから、慶喜に官職や幕府の領地を返上するよう、お命じになりました。ところで、幕府の旧臣や会津《あいづ》・桑名《くわな》などの諸藩は、慶喜が新政府《せいふ》の列に加らないのを見て、もっぱら薩・

江戸城の明渡し

長二藩の取り計らいであろうと思いこみ、明治元年の正月から一年半ばかり、次々にさわぎを起しました。すなわち、鳥羽《とば》・伏見《ふしみ》の戦から、さわぎは、やがて江戸に移り、更に奥《おう》羽《う》から函館《はこだて》へと飛火《とびひ》しました。朝廷では、小《こ》松宮彰仁《まつのみやあきひと》親王を征討大将軍《せいいたいしょうぐん》に任じて、鳥羽・伏見の戦をおしずめになり、有栖川宮熾仁親王を東征大総督《とうせいだいそうとく》に任じ、西郷隆盛らを参謀として、江戸及び東北のさわぎを、御平定《ごへいてい》になりました。

東征軍が江戸に向かった時、慶喜は、ひたすら恭順《きょうじゅん》の意をあらわしました。この間、孝明天皇の御《おん》妹、静寛院宮《せいかんいんのみや》の御《お》とりなしがあり、やがて、慶喜の家臣勝安芳《かつやすよし》・山岡鉄太郎《やまおかてつたろう》の努力と隆盛の真心とによって、慶喜は罪《つみ》をゆるされ、江戸の市民は、兵火の災害から、まぬかれることができました。奥羽では、会津藩主松平容保《まつだいらかたもり》が、若松城《わかまつじょう》にたてこもり、諸藩と相応じて兵を挙げましたが、やがて順逆の道をさとると、すぐに帰順《きじゅん》を申し出ました。会津の白虎隊《びゃっこたい》と名づける少年の一団が、はなばなしく戦って、次々

白虎隊の最期

に討死し、わずかに残った十九人が、飯盛山《いいもりやま》にのぼり、はるかに城を望みながら、たがいに刺《さ》しちがえて、けなげな最期《さいご》をとげたのは、この時のことです。函館では、もと幕府の海軍を指揮《しき》していた榎本武揚《えのもとたけあき》が、五稜郭《ごりょうかく》にたてこもりましたが、これも、ほどなく降《くだ》りました。

のちに朝廷では、容保が、孝明天皇の御《ご》信任のもとに、京都を守護して忠勤をはげんだ功を思し召され、その罪をおゆるしになった上、正三位《み》をお授けになりました。武揚もまた、ゆるされて重く用《もち》いられ、その職務にはげみました。

新政がしかれてのちに、なおこうしたさわぎが起ったのも、一つには、大名《だいみょう》が昔のままに領内を治めていたからです。そこで木戸孝允は、大久保利通とともに、大名の領地を朝廷に奉還させ、新政が国のすみずみまで行き渡るように努力しました。すでに大名も、多くは、それを望んでいましたから、明治二年、まず薩摩・長門《ながと》・土佐・肥前《ひぜん》の四藩主が相談して、領地の奉還をお願い申しあげ、ほかの諸藩も、続々これにならいました。朝廷では、これをお許しになりましたが、なおしばらくは、旧領を治めるようお命じになり、やがて明治四年に、藩を廃《はい》して県を置き、新たに知事《ちじ》を御《ご》任命になりました。この時にも、これまでのように家がらだけを重んじる習わしをやめて、広く人材をお用いになりました。ついで明治五年には、国中に教育が行き渡るようにと、新たに学制をおしきになり、また国民すべてが兵役《へいえき》に服することのできるようにと、徴兵令《ちょうへいれい》をお定めになりました。こうして、政治はまったく改り、国民の心もすっかり新しくなって、維新のまつりごとが、大いに整ったのであります。

明治天皇は、王政復古の思し召しから、神々をあつくおうやまいになり、国民にも、これをおさとしになりました。明治二年には、東京九段坂《くだんざか》の上に招魂社《しょうこんしゃ》を建てて、国事にたおれた維新の将士を、おまつらせになりました。また、維新の志士《しし》が手本にした、吉野《よしの》の忠臣にも、それぞれ社を建てて、あつくおまつらせになりました。こうして明治の日本は、御恵みのもとに、昔ながらの美風《びふう》を伝えながらも、新しく、正しく強く、しかも明るく、のびて行きました。

二　憲法《けんぽう》と勅語《ちょくご》

明治天皇御製《ぎょせい》

よきをとりあしきをすて、外国《とつくに》に

おとらぬ国となすよしもがな

わが国は、欧米《おうべい》の諸国が、たがいに争《あらそ》ったり、国内で内わもめを起している間に、もののみごとに、維新の大業をなしとげたのであります。これらの国々は、すっかり驚き、ことに、諸大名が喜び勇んで領地を奉還したことを、ふしぎに思いました。それは、日本の国がらが、よくわからなかったからでしょう。ちょうどこのころ、ドイツやイタリアも、新しく生まれかわり、イギリス・フランス・ロシアなどと、張り合うことになりました。海国日本は、こうした国々に負けないように、国の力を養わなければならないと思いました。

それには、もっと内治や外交《がいこう》を整えることが大切であるとともに、朝鮮や支那と仲よくし、更に、欧米諸国のようすを調べる必要がありました。そこで政府は、廃藩置県《はいはんちけん》がすむと、まず清《しん》と交りを結び、ついで、岩倉具視・木戸孝允らを欧米へやって、国々のようすを視察させ、条約の改正《かいせい》をはからせました。もちろん、昔から関係の深い朝鮮へも、早く使いをやって、王政復古のことをつげ、改めて、交りを結ぼうとしました。

ところが朝鮮は、そのころ鎖国《さこく》の方針をとっていましたので、これに応じないばかりか、わが国が欧米諸国と交りを開いたことをあなどるといった有様です。そこで、西郷隆盛らは、おおよく朝鮮と談判し、それでもきかなければ、これを討とうと主張《しゅちょう》しました。そこへ具視らが帰って、内治を整えることが急務であると説《と》き、政府の方針も、内治を先にすることにきまりました。明治六年のことであります。

隆盛は、官を退《しりぞ》いて鹿児島《かごしま》へ帰り、青年のために学校を建てて、ひたすら教育にはげみました。ところで、その青年たちが、政府のやり方に不平をいだき、明治十年、隆盛をおし立てて、兵を挙げました。朝廷では、有栖川宮熾仁親王を征討総督とし、諸軍を率いてこのさわぎをおしずめさせになりました。世に、これを西南《せいなん》の役《えき》といいます。こうした思いがけないことが起ったので、内治を整えることも、なかなか容易なことではありませんでした。

明治天皇は、さきに御誓文によって、国民に政治をたすけさせる御方針をお示しになりました。このありがたい思し召しをいただいて、政府は、その仕組みをどうするかにつき苦心《くしん》しました。内治では、これが、いちばん大きな問題でありました。

そこで政府は、明治八年、地方官会議を東京に開き、十二年には、府・県会を設《もう》け、始めて民間から議員を選《えら》び出させ、国民の政治にあずかる糸口を開きました。やがて十四年、かしこ

憲法会議

くも天皇は、明治二十三年を期し、国会をお開きになる旨を、仰せ出されました。国民は、御恵みに感激して、それぞれ務《つと》めにいそしみました。

天皇は、皇祖皇宗の御《ご》遺訓に基づき、国をお統べになる根本のおきてを定めようと、かねてお考えになり、政府に憲法制定《せいてい》の準備をお命じになりました。明治十五年、伊藤博文《いとうひろぶみ》は、仰せを受けて憲法の取調べに当り、やがて、皇室《こうしつ》典範《てんぱん》と帝国憲法との起草《きそう》に取りかかって、明治二十一年に、草案を作りあげました。天皇は、枢密院《すうみついん》に、草案の審《しん》議《ぎ》をお命じになり、終始《しゅうし》会議に臨御《りんぎょ》あらせられ、したしく審議をお統べになりました。かくて翌二十二年に、御みずから、皇室典範及び大日本帝国憲法をお定めになり、めでたい紀元節の日に、憲法を御発布《ごはっぷ》になりました。

この日、天皇は、まず皇祖皇宗に、したしく典憲制定の御旨《おん》をおつげになったのち、皇后とともに、宮中正殿《せいでん》にお出ましになり、皇族・大臣、外国の使節を始め、文武百官・府県会議長をお召しになって、おごそかに式をお挙げになりました。盛儀が終ると、青山練兵場の観兵式に臨御あらせられました。民草は、御道《おん》筋を埋めて、大御代の御栄《み》えをことほぎ、身にあまる光栄に打ちふるえて、ただ感涙にむせぶばかりでした。奉祝《ほうしゅく》の声は、山を越え野を渡って、津《つ》々浦《うら》々に満ち満ちたのであります。

このめでたい日、おそれ多くも天皇は、西郷隆盛の罪をゆるして正三位をお授けになったほか、佐久間象山《さくまぞうざん》・吉田松陰《よしだしょういん》らの志士にもそれぞれ位をたまわりました。

翌二十三年、憲法の定めに基づいて、帝国議会が東京に召集《しょうしゅう》され、開院式には、したしく臨幸あらせられました。こうして、御恵みのもと、国民の活動はいよいよ盛んになり、国力は、年とともにのびて行きました。

天皇はまた、明治二十三年に、教育に関する勅語をおくだしになって、国民のふみ行うべき道をお示しになりました。維新以来、海外との交通が、にわかに開けましたので、国民の中には、むやみに欧米の学問や習わしを取り入れて、わが国の美風をおろそかにするものが出まし

教育勅語をたまわる

た。もちろん、日本の美風を守ろうとする人々も、次々に現れましたが、いっぱんの国民には、正しい道のよくわからない者も、少くなかったのです。おそれ多くも天皇は、この形勢《けいせい》を深く御心配《ご》になり、勅語をおくだしになって、皇祖皇宗の御遺訓を明らかにせられ、尊い国がらをわきまえ皇運を扶翼し奉らなければならないことをおさとしになりました。ちょうど、紀元二千五百五十年のことです。ここに、いつの世までもかわらない、わが国教育の根本が、はっきりと定まりました。この御教《み》えをいただいて、国民は、心をひきしめ、身をつつしんで、学問や仕事に、はげんだのであります。

三　富国強兵《ふこくきょうへい》

明治天皇御製
ほどほどにこゝろをつくす国民《くにたみ》の
ちからぞやがてわが力なる

安政《あんせい》年間に、幕府が諸外国と結んだ条約には、わが国の面目《めんもく》や利益《りえき》をそこなう箇条が、少くありませんでした。わが国は、外国の居留民が罪をおかしても、これをさばくことができず、また、輸入品に対して、自由に税をかけたり、税率《りつ》をきめたりすることさえ、できない定めになっていました。それというのも、海防の不十分であった当時、幕府が、外国の要求《ようきゅう》をそのままに承知してしまったからです。

明治の新政府は、つくづく国防の急務をさとり、大村益次郎《おおむらますじろう》・山県有朋《やまがたありとも》・西郷従道《さいごうつぐみち》らが、軍備の充実に、力を注ぎました。まず明治四年、始めて近衛《このえ》の御親兵《ごしんぺい》と地方を守る鎮台《ちんだい》とを設け、廃藩の際《さい》、諸藩の艦船を全部朝廷に献納《けんのう》させ、翌五年には、兵部省《ひょうぶしょう》を分って、陸軍省と海軍省とを設けました。やがて六年に、徴兵令が発布されて国民皆兵《こくみんかいへい》となり、ここに皇軍は、陸・海ともに、発達の糸口を開いたのであります。

たまたま、明治十年に起った西南の役は、新しく組織《そしき》された皇軍の腕をためす機会となり、その後、軍事費《ひ》もしだいに増して、軍備も年とともに整って行きました。天皇は、この役に、かしこくも大阪陸軍病院に行幸あらせられ、したしく傷病兵をおいたわりになりました。皇后・皇太后《こうたいごう》は、みてずから、ほうたいをお作りになって、負《ふ》傷兵にたまわりました。将士はいうまでもなく、いっぱんの国民も、これを承って、皇室の深い御恵みに、感泣しないものはありませんでした。また佐野常民《さのつねたみ》らが、博愛社《はくあいしゃ》を作って、日本赤十字社《せきじゅうじしゃ》の基を開いたのも、この時のことであります。

軍人勅諭をたまわる

　天皇は、更に、西南の役の戦死者《しゃ》を、東京の招魂社におまつらせになり、明治十二年、これに、靖国《やすくに》神社の社号《しゃごう》をたまわりました。やがて十五年、陸海軍人に勅諭《ちょくゆ》をおくだしになって、つぶさに、皇軍の歴史と建軍《けんぐん》の精神とをお

明治初期の軍艦・二等砲艦（清輝）

説きになるとともに、帝国軍人の本分を、ねんごろにおさとしになりました。大御心のかたじけなさに感激して、陸海の将兵は、いよいよ奉公の道にいそしんだのであります。

やがて明治二十一年、陸軍の兵力は、近衛師団及び六箇師団となり、海軍は、二十七年に、軍艦三十一隻・水雷艇二十四隻、約六万噸《とん》の兵力となりました。かくて、明治二十七八年の日清戦役《にっしんせんえき》には、陸・海ともに、よく皇軍の面目を発揮し、戦後、陸軍は、二十九年に六箇師団を増設し、海軍も、三十五年に至って、六六艦隊を作りあげました。史に明治三十七八年の日露戦役《にちろせんえき》に、皇軍は、ふたたび無敵の威力を示しました。しかも陸軍は、戦後四箇師団を加え、明治の末には、陸・海空軍の糸口を開きました。海軍もまた、大艦巨砲《きょほう》の方針をとって、その威力を増し、大正の初め、艦艇の総噸数は、早

初期の軍用飛行機

くも五十万噸を越え、戦前に比べて、約二倍の勢力となりました。維新の当時、これというほどの軍備もなかった日本は、明治の御代に、たちまち、世界にほこる強国になったのです。それは、御稜威《みいつ》のもと、軍・官・民が一体となり、欧米の列強に負けないようにと、ひたすら富国強兵に努力した、たまものであります。

軍備を整えるには、まず産業を興《おこ》して、国力を充実する必要があると知った政府は、極力、諸産業の発達につとめました。農業・牧畜《ぼくちく》・鉱業《こうぎょう》を盛んにして、米・馬・金属など、国防に必要な物資の増産をはげまし、交通特に海運を興して、造船術の進歩をはかりました。しかも政府は、兵器の製作や艦船の建造《けんぞう》、そのほか鉱山の開発など、軍備に関係の深い産業をみずから営《いとな》んで、民間に手本を示しました。こうして、わが産業は、めきめきと発達し、憲法発布のころには、国力も、いちじるしく充実して来ました。

この間、政府は、幕府の不始末《ふしまつ》をつぐなおうとして、条約の改正に乗り出していました。明治四年、岩倉具視らが欧米へ渡って、その交渉《こうしょう》を始めて以来、政府は、たびたび関係国と談判して、条約の改正をはかりました。ところが諸国は、東亜の各地に根城を構《かま》えて、勢力を張ることばかりを考え、わが国力を見くびって、なかなかこれに応じません。政府も国民も、こらえにこらえて、ひたすら国力の充実につとめました。

やがて憲法は発布され、制度や法律は整い、軍備は充実しました。さしもの列国も、わが国力を認めなければならなくなって来ました。そこで明治二十七年、時の外務大臣陸奥宗光《むつむねみつ》は、まずイギリスと談判して、ついに、条約の改正に同意させました。それは、日清戦役の起るすぐ前のことでした。イギリスは、そのころ東亜で、ロシアと張り合っていましたので、わが国のいい分を通す方が得策《とくさく》だと考えたのでしょう。しかも、この戦役で、わが国の実力が、はっきりと示されましたから、ほかの国々も、続々改正に同意しました。

この改正で、まず裁判《さいばん》の不公平が取り除かれ、更に明治四十四年には、貿易《ぼうえき》上の不利な点も、すっかりなくなりました。こうして、わが国は、長い間の望みをついに達したのです。これも、明治の日本が、涙ぐましい努力によって、結んだみのりの一つであったのであります。

第十三　東亜《とうあ》のまもり

一　日清戦役《にっしんせんえき》

世界の海に乗り出した日本の行手には、条約の改正《かいせい》ばかりではなく、色々の困難《こんなん》がひかえていました。ロシアとの国境問題《こっきょう》も、その一つでした。さきに幕府《ばくふ》は、千島を分有、樺太《からふと》を共有と定めましたが、こうしたあいまいな、きめ方では、いつまた、もつれが起るかわかりません。それに、ロシアは、孝明天皇の万延《まんえん》元年、英仏連合軍《えいふつれんごうぐん》が北京《ぺきん》を落したすきをねらって、沿海《えんかい》州《しゅう》を手に入れ、ウラジオストク港を築いて、東亜侵略《しんりゃく》の根城にしました。しかも、この港の名は、「東洋を支配する」という、ロシアの野心を、そのままあらわしたものであります。そこで、わが国は、明治七年、ロシアと談判を始め、翌八年、千島を全部日本の領地とし、樺太をロシアの領地として、国境をはっきりと定めたのであります。

わが国は、東亜をむしばむ欧米《おうべい》の列強に対し、あくまで東亜をまもろうとしました。ところが、朝鮮も清も、こうした形勢《けいせい》に目ざめず、ことに清は、自分を世界でいちばんえらい国と考え、そのうぬぼれがぬけません。事ごとに、わが国のやり方にいいがかりをつけて、東亜の保全を、いっそう困難ならしめました。のちに、日清戦役が起るのも、まったくそのためでありますす。しかも、こうした東亜の仲間どうしのすきまにつけこんで、欧米諸国の勢力が、ますますすくい入って来るという、まことに残念な、なりゆきでありました。

ロシアの南下を防ぐことは、朝鮮はもちろん、日・清の両国にとっても、きわめて大切な問題であります。それには、まず第一に、朝鮮がしっかりしていてくれる必要があるのです。わが国は、明治九年、朝鮮と交りを結んで、その健全な成長を望み、朝鮮も、一時はわが国を手本として、政治《せいじ》を改めにかかりました。ところで、朝鮮には、以前から内わもめが絶えず、それに清が、これを属国扱いにして、政治に干渉《かんしょう》するので、政治の改革《かいかく》が、とかく思うように行きません。かえって、いっそう乱れるようになりました。明治十七年には、京城にいた清兵が、朝鮮の兵といっしょになって、わが公使館をおそい、火を放って、官民を殺傷《さっしょう》するさわぎが起りました。わが政府は、朝鮮にきびしく談判して、謝罪《しゃざい》させるとともに、こうしたことから東洋の平和が乱れることを心配し、伊藤博文《いとうひろぶみ》を清へやって、天津《てんしん》条約を結ばせました。両国ともに朝鮮から兵をかえし、必要があれば、たがいに通知してから、出兵することにきめました。

ところで、この条約には、朝鮮が清の属国でないということが、はっきりと示《しめ》してありませんでした。清は、それをよいことにして、その後も、ますます朝鮮に勢を張ろうとします。そのため、朝鮮の政治は乱れる一方で、中には、ロシアと結ぼうとするものさえ現れる有様《ありさま》でし

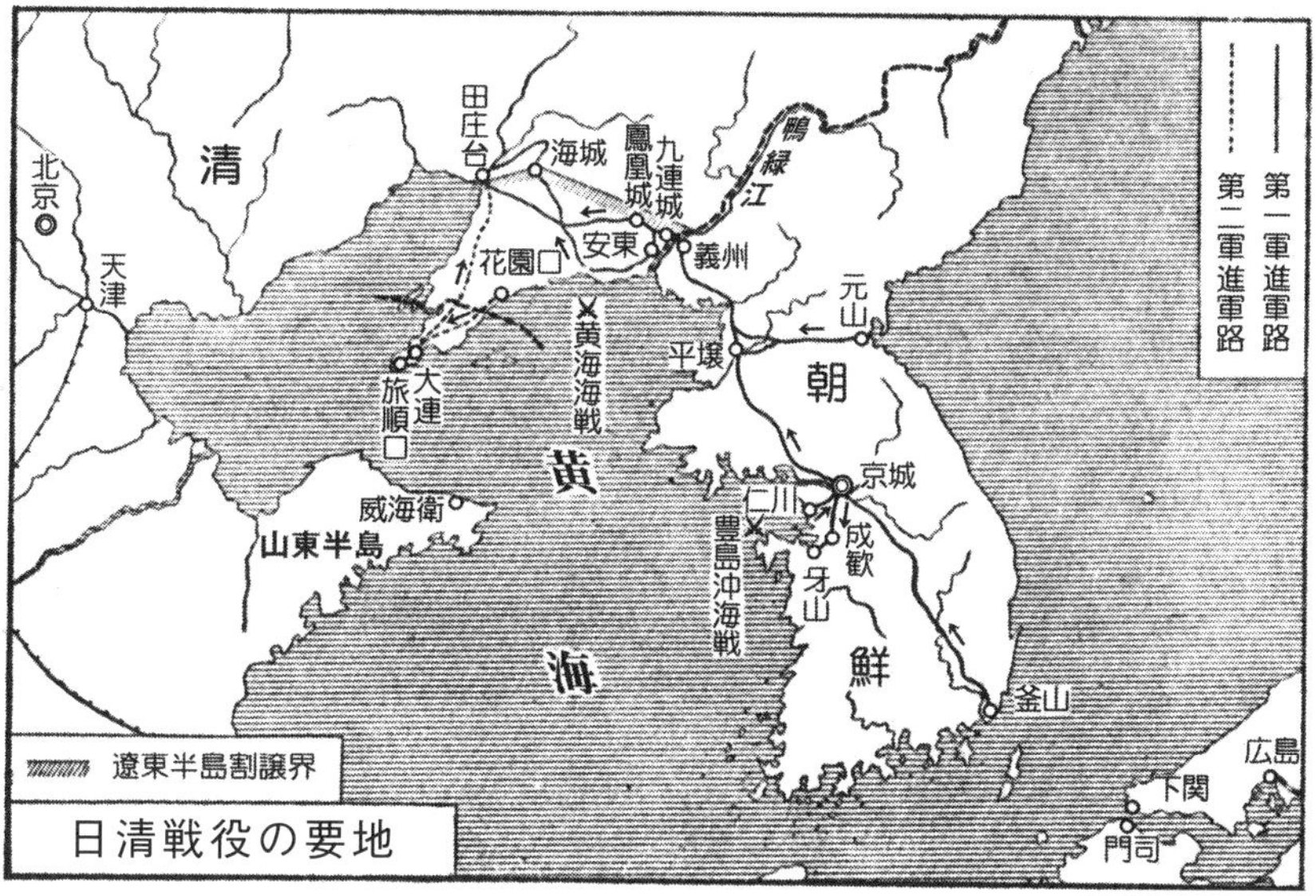

日清戦役の要地

た。明治二十七年、朝鮮の心ある人々は、こうした有様にたえかねて、ついにたちあがりました。すると清は、属国の難を救うという口実で、朝鮮に出兵し、この旨をわが国に通知して来ました。わが国も、公使館や居留民を保護するために、ひとまず兵を送りましたが、この際《さい》、日・清両国が力を合わせて、朝鮮の政治を指導《しどう》することを、わざわざ清に申し入れました。

ところが清は、わがすすめに応じないばかりか、かえって陸海の大兵を朝鮮へ送り、同年七月、豊島《ほうとう》沖で、わが艦隊を砲撃しました。わが艦隊は、ただちに応戦して、これを撃破《げきは》し、ついで陸軍も、清兵と成歓《せいかん》に戦って、大勝しました。八月一日、明治天皇は、宣戦の大詔をおくだしになり、やがて大本営を広島に進めて、したしく諸軍をお統《す》べになりました。

黄海の海戦

皇軍の士気は、いやが上にも振るい、陸軍は平壌《へいじょう》をおとしいれ、海軍は黄海《こうかい》に敵の北洋艦隊を撃破し、しかもわが方は、全艦無事という大戦果《せんか》をあげました。連《れん》戦連勝のうちに、翌二十八年を迎えると、陸軍大将大山巌《おおやまいわお》は、海軍中将伊東祐亨《いとうゆうこう》と力を合わせて、敵海軍の根城、威海衛《いかいえい》を攻め落しました。

この時、敵将丁汝昌《ていじょしょう》は、責任《せきにん》を感じて自殺しました。祐亨は、敵ながらもあっぱれな、その志をあわれみ、特に船を与えて、ねんごろに柩《ひつぎ》を送らせたといいます。

やがて、わが軍は、破竹《はちく》の勢で遼東《りょうとう》半島を占領し、まさに清の都、北京へせまろうとしました。清は驚きあわて、

大本営で万機をお統べになる

李鴻章《りこうしょう》を使いとして、和を請《こ》いました。よって内閣総理大臣伊藤博文・外務大臣陸奥宗光《むつむねみつ》は、これと下関《しものせき》で談判し、清に、こののち、朝鮮の政治にいっさい干渉しないこと、遼東半島及び台湾・澎湖島《ほうことう》をわが国にゆずることなどを約束させて、和を結びました。時に二十八年四月で、これを下関条約といいます。

思えば、この戦役は、当時わが国の国運をかけた大戦役でありました。かしこくも天皇は、広島へお出ましになって、平和の回復するまで、久しく大本営のせまい御《おん》室で、日夜《にちや》万機をお統べになり、将兵の労苦《ろうく》をおしのびになって、寒さのきびしい冬の日にも、ストーブさえお用《もち》いになりませんでした。御稜威《みいつ》のもと、陸海の将兵は、家を忘れ身を捨てて、大君のために戦い、官民また心を一つにして、職務にはげみました。こうして、わが国は、世界を驚かす大勝利《だいしょうり》を博したのであります。しかも、ロシアの南下は防がれ、清もやっと目がさめて、東洋平和の基《もとい》も、始めて固められる日が来たのであります。

ところで、ここに、思いがけないことが起りました。ロシアが、ドイツ・フランスの二国をさそって「日本が遼東半島を領有することは、東洋平和に害がある」と主張《しゅちょう》し、これを清に返すよう、わが国に申し入れて来たのです。そのころヨーロッパでは、ロシア・フランスの二国と、ドイツ・オーストリア・イタリアの三国とが、それぞれ同盟《どうめい》を作って、張り合っていました。ですから、フランスはともかくとして、ドイツまでがロシアのさそいに応じたのは、ロシアの目を、もっぱら東方へ向けさせたいからでありました。

わが国は、戦後のことではあり、内外の形勢を深く考えて、三国のすすめに応じることにしました。おそれ多くも天皇は、特に詔《みことのり》をおくだしになって、東洋平和のために遼東半島を還附《かんぷ》する旨をお宣《の》べになり、あわせて、国民の覚悟をおさとしになりました。国民は、涙にむせび歯をくいしばり、今後、どんな困難にもたえしのんで、一日も早く、大御心を安んじ奉ろうと、堅く心に誓いました。

そこで、わが国は、産業を興《おこ》し軍備を整え、国民の心をひきしめて、ひたすら国力の充実《じゅうじつ》に

能久親王の台北御入城

つとめるとともに、新《あら》たに領土となった台湾の経営にも、大いに力を注ぎました。島民で、なお命に従わないものがありましたので、北白川宮《きたしらかわのみや》能久親王《よしひさしんのう》は、近衛師団の将兵を率いて、これをお討ちになり、その御功績《ごこうせき》によって、ほどなく全島がしずまり、ことごとく皇化に浴《よく》するようになりました。また、わが国は、清の干渉のなくなった朝鮮に対し、真心こめて政治の指導に当りました。やがて明治三十年、朝鮮は、国号を韓《かん》と改め、国王は新たに皇帝の位について、わが国とともに、東洋平和のためにつくすことになったのであります。

二　日露戦役《にちろせんえき》

日清戦役ののち、ヨーロッパ諸国は、非道《ひどう》にも、

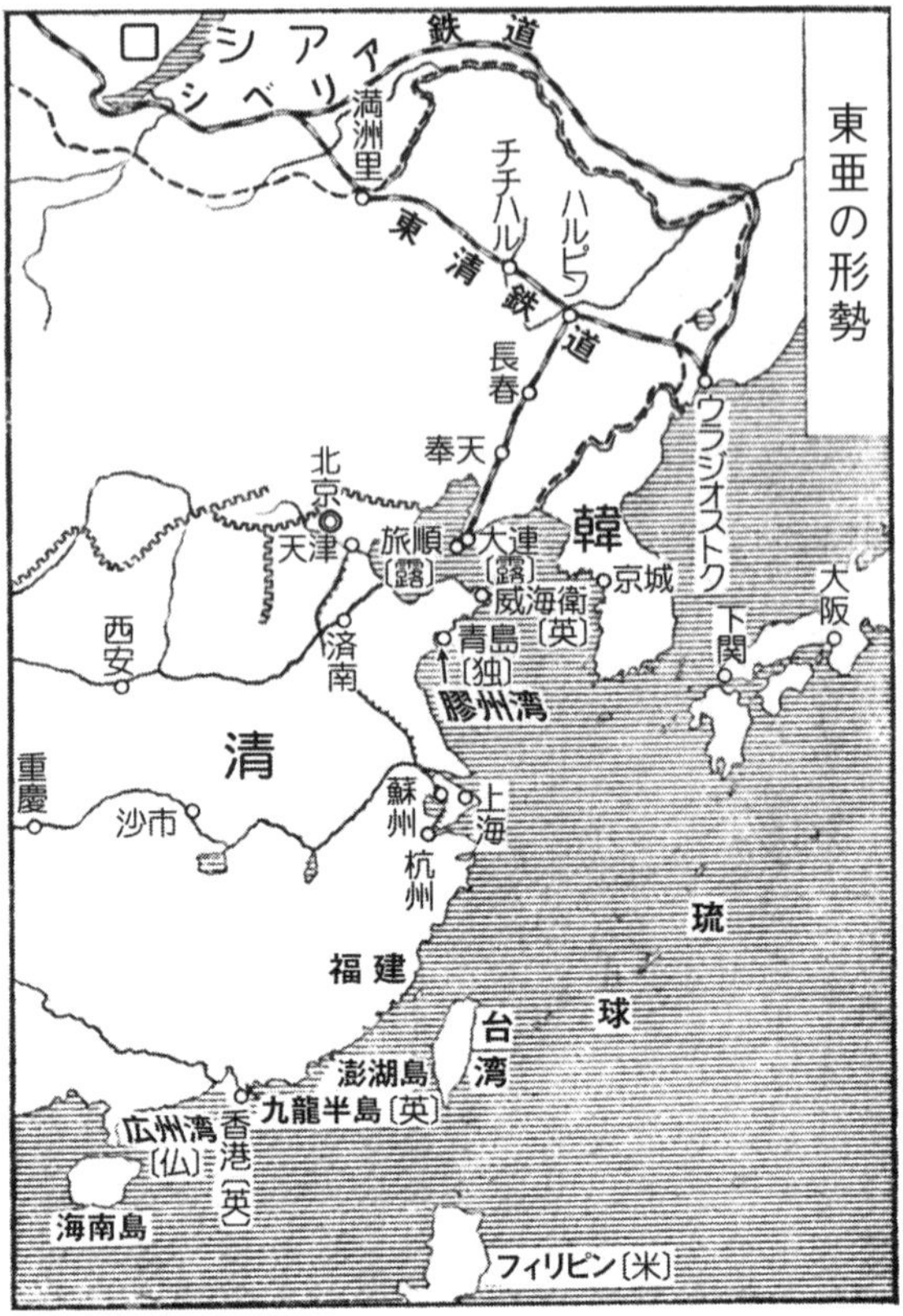

東亜の形勢

清の弱味につけこんで、いよいよ支那を荒し始めました。まずロシアは、遼東半島を返させたことを恩にきせて清にせまり、明治三十一年、旅順《りょじゅん》・大連《だいれん》一たいの土地を租借《そしゃく》して、鉄道や鉱山《こうざん》に関する権利《けんり》を占《し》めました。ドイツ・イギリス・フランスの諸国も、これにならって、膠州湾《こうしゅう》・威海衛・広州湾《こうしゅう》などを、それぞれ租借しました。また、アメリカ合衆国《がっしゅうこく》は、ハワイ諸島をあわせ、スペインと戦ってフィリピン群島を手に入れ、東亜に根をおろしました。

清のごうまんなふるまいがもとで、日清戦役が起り、その結果《けっか》、欧米の諸国をますます東亜にはびこらせたのは、まことに残念なことでありました。わが国は、こうした形勢を見て、明治三十一年、福建省《ふっけんしょう》を他国に与えないことを清に約束させ、また、昔からなじみの深いシャムと、改めて条約を結び、わが国土をまもり、東洋の平和をたもつことにつとめました。

さすがの清も、わが国にやぶれて、幾分目がさめたのか、一部の人々は、明治の新政にならって、国力の回復をはかろうとしました。しかし、多くの人々は、世界の形勢を知らず、自分の力をもわきまえず、いたずらに感情に走って、ただちに外国の勢力を駆逐しようとしました。明治三十二年、義和団《ぎわだん》という暴徒《ぼうと》が起ると、清の政府は、ひそかに兵を出してこれを助け、北京にある各国の公使館を囲ませました。翌三十三年に入って、さわぎは、ますます大きくなり、わが公使館の人々も殺傷される有様です。よってわが国は、兵をやって、関係国の軍隊とともに、さわぎを取りしずめました。清は、暴徒を罰《ばっ》し、列国に償金《しょうきん》を出し、罪《つみ》をわびて、やっと事がおさまりました。これを、北清事変《ほくしんじへん》といいます。この事変において、わが軍は、特にめざましい活躍《かつやく》を見せました。将兵が勇敢で規律の正しいことは、列国の軍隊を、はるかにしのいでいました。ところで、欧米諸国特にロシアは、清のこうした軽はずみに乗じて、更に侵略の手をのばして行ったのであります。

北清事変が起ると、ロシアは、しきりに満洲に出兵して、各地を占領し、変後、ますます兵力を増強するばかりか、やがて、韓をうかがうようになりました。ところで、イギリスは、かねて、ロシアが南下するとインドが危いことを、心配しています。そこでわが国は、清・韓両国の領土をまもり、東洋の平和をたもつために、明治三十五年、イギリスと同盟を結び、また、しばしばロシアと談判して、兵をひきあげさせようとしました。しかしロシアは、少しも誠意

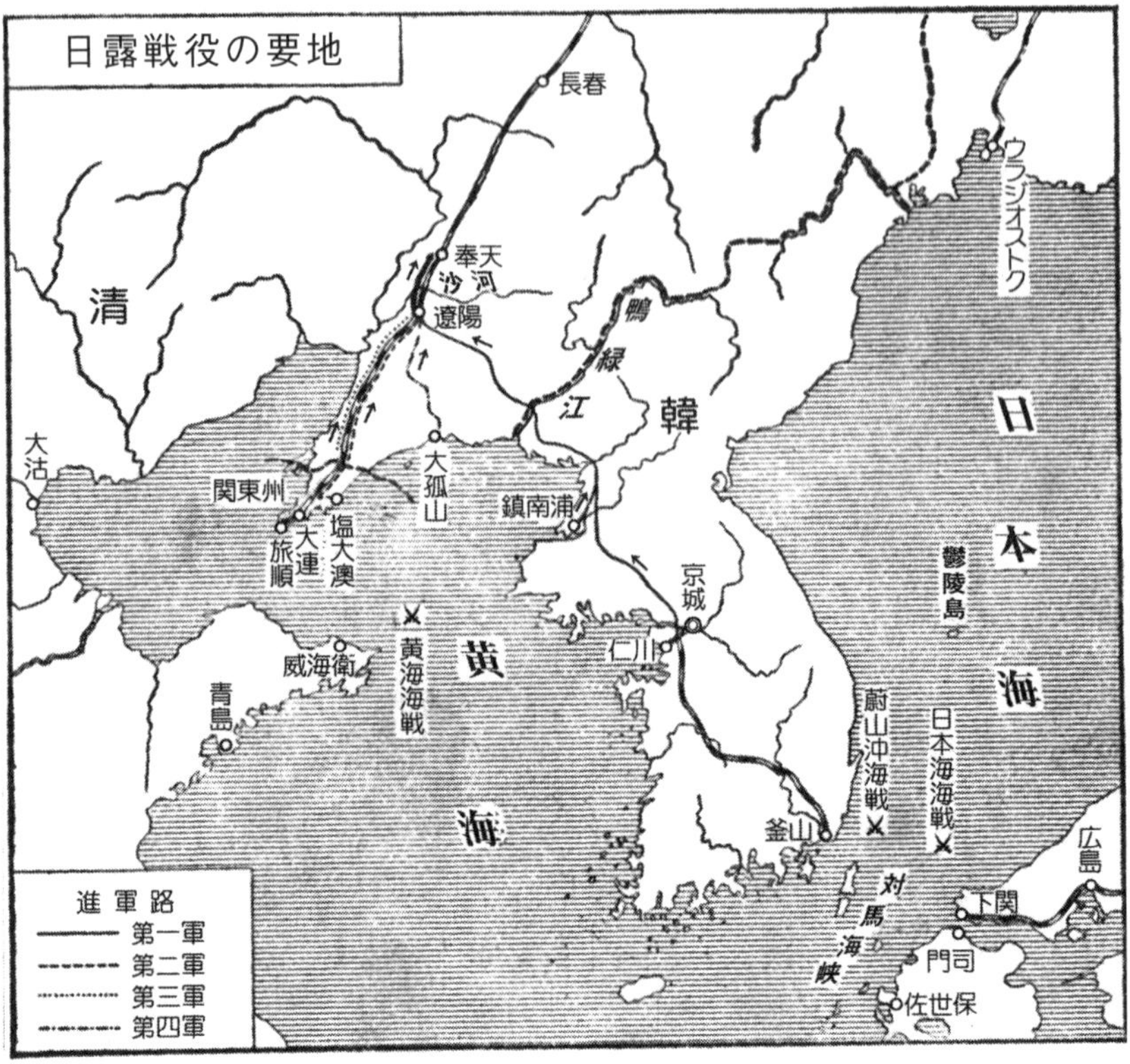

を示さず、翌三十六年に入って、更に兵力を増し、ついに北韓の地を、おかし始めました。そこでわが国は、三国干渉以来の非道をこらしめるため、明治三十七年二月、決然として国交《こっこう》をたちました。早くも、わが艦隊は、旅順・仁川《じんせん》の港外に、敵艦を撃沈《げきちん》して敵の出鼻をくじき、二月十日、宣戦の大詔がくだされました。

黒木《くろき》大将の率いる第一軍は朝鮮から、奥《おく》大将の第二軍、野津《のづ》大将の第四軍は、遼東半島の二方面から、三道それぞれ、満洲の野に転戦しながら、敵の根城遼陽《りょうよう》へ向かって進みました。やがて、総司令官には大山元帥が、総参謀長には児玉《こだま》大将が任じられ、九月、三軍の総攻撃は、敵将クロパトキンの死守する遼陽を、わずか十日で攻め落しました。しかも、援兵を加えて陣容を立て直した、敵軍二十余万の反撃を、激戦数日、またまた沙河《しゃか》で撃ち破りました。

この間、海軍は、まず旅順港の閉塞《へいそく》をはかり、広瀬《ひろせ》中佐を始め、壮烈無比な決死隊の活躍によって、その目的《もくてき》を達しました。乃木《のぎ》大将の率いる第三軍が、旅順の攻撃を始めると、敵艦隊は、封鎖《ふうさ》を破って港外へのがれましたが、たちまち黄海で撃滅され、ウラジオストク艦隊も、これが救援《きゅうえん》の途中、蔚山《うるさん》沖で撃滅されました。こうして、八月のなかば、制海権《せいかいけん》は、早くもわが手に帰《き》したのであります。

旅順の要塞《ようさい》は、さすがに、ロシアが防備に手をつくし、難攻不落《ふらく》を世界にほこっただけあって、その攻略は、なかなか容易でありませんでした。しかも、わが忠勇な陸海の将兵は、悪戦苦闘《くとう》、いくたびか決死の突撃をくりかえして、ついに要害二〇三高地をうばい、他の砲台も、次々に占領しました。ここに敵将ステッセルは、力尽きて、翌三十八年一月一日、降伏《こうふく》を申し出ました。かしこくも明治天皇は、敵ながらもあっぱれな、ステッセルの奮闘をおほめになり、旅順開城の際には、特に寛大《かんだい》な扱いをお許しになりました。

旅順がおちいると、第三軍は、ただちに北上して、満洲軍の主力に加り、大山総司令官の指《し》揮《き》のもとに、全軍およそ四十万、クロパトキンの率いる五十余万の敵軍にせまって、いよいよ

奉天の大会戦

最後の決戦を試みることになりました。奉天の大会戦は、かくて開始《かいし》され、わが将兵の意気は天をつくばかりで、激戦まさに二十日、大いに敵を破り、三月十日、ついに奉天を占領しました。

このころ、敵海軍の主力バルチック艦隊は、制海権の回復を夢みて、はるばる東洋へ廻航《かいこう》中でありました。やがて五月二十七日、敵艦隊は、大たんにも対馬《つしま》海峡を通りぬけようとしました。わが連合艦隊司令長官海軍大将東郷平八郎《とうごうへいはちろう》は、四十余隻の艦隊を率いて、これを迎え撃ち、ここに、皇国の興廃《こうはい》をかけた大海戦が、折から風烈《はげ》しく波の高い日本海上に、くりひろげられました。この日を待ちかまえたわが将兵は、司令長官の激励にこたえて勇戦力闘《りきとう》、決戦二昼夜にわたって、敵艦十九隻を撃沈し、五隻を捕らえ、敵司令長官を俘《ふ》虜《りょ》にしました。わが損傷は、きわめて軽微《けいび》で、世

日本海の大海戦

界の海戦史に例のない全勝を博しました。しかもこの際、わが将兵は、溺《おぼ》れる敵兵を救い、俘虜を慰めるなど、よく皇軍の面目《めんもく》を発揮したのであります。

ついで別軍は、更に樺太を占領しましたが、日露戦役は、奉天の会戦と日本海海戦によって、すでに大勢《たいせい》が決していました。米国大統領《べいこくだいとうりょう》ルーズベルトは、この形勢を見て、わが国とロシアとの間に立ち、講和をすすめることになりました。わが国は、これに応じ、外務大臣小村寿太郎《こむらじゅたろう》らをアメリカのポーツマスへやって、ロシアの全権委員《ぜんけんいいん》と談判させ、審議《しんぎ》を重ねた末、三十八年九月、ポーツマス条約を結びました。すなわち、わが国は、ロシアに、韓を保護することに干渉しないことや、清の領土に手をつけないことを約束させ、また、関東州の租借権、長春《ちょうしゅん》（新京）旅順間の鉄道と附近の炭坑《たんこう》、及び樺太の南半と沿海州の漁業権とをゆずらせることに定めました。戦が終ると、陸海の諸軍は、次々に凱旋《がいせん》しました。天皇は、伊勢《いせ》に行幸《ぎょうこう》あらせられ、したしく、神宮に平和の回復をおつげになりました。

日露戦役は、世界の一大強国を相手とする大戦役で、日清戦役に比べて、はるかに大きく、また困難な戦でありましたが、わが国は、御稜威のもと、挙国一体、連戦連勝して、ロシアの野心をくじき、大いに国威をかがやかしました。かくて、三国干渉以来十年間の労苦も、ついにむくいられたのであります。それというのも、御恵《み》みによって、教育が広く国民にゆきわたり、尽忠《じんちゅう》奉公の精神が深く養われていたからです。しかも、この戦勝によって、わが国は、世界における地位を、諸外国にはっきりと認めさせるとともに、東亜のまもりに重きを加え、これまで欧米諸国に圧迫《あっぱく》されて来た東亜諸民族の自覚をうながし、これを元気づけたのであります。

第十四　世界《せかい》のうごき

一　明治《めいじ》から大正《たいしょう》へ

わが国は、日露戦役《にちろせんえき》後、欧米《おうべい》諸国と大使《たいし》を交換《こうかん》して国交を厚くし、イギリス・フランス・ロシア・アメリカ合衆国《がっしゅうこく》とは、更に条約を結んで、東亜の安定《あんてい》をはかりました。ところが、東亜の形勢《けいせい》には、注目《ちゅうもく》すべき変化《へんか》が起りました。それは、ロシアに代って、アメリカ合衆国が乗り出して来たことです。

米国の東亜に対する欲望《よくぼう》は、さきに、ハワイやフィリピンを手に入れてから、急に高まって来ました。日露の講和に仲だちしたことを恩にきせて、満洲に勢力をのばそうとさえしました。しぜん、わが国との関係は、しだいに曇りを生じて来ました。すると、英国もまた、米国に気がねして、わが国をうとんじ始めました。かの日英同盟《どうめい》も、日露戦役の際《さい》、一時固くなりましたが、明治の末には、すっかりゆるみました。米国が日英同盟をいやがり、それに英国も、このころ露国と仲よくなったので、そろそろ、同盟の必要を認めなくなったからです。

この間、わが国は、樺太《からふと》の開発、関東州の経営につとめるとともに、東亜の安定をめざして、

内鮮一体

韓《かん》の保護にも、ずいぶん力を用《もち》いました。まず、韓に対する他国の干渉《かんしょう》を、いっさい取り除き、ついで、内政《ないせい》の改《かい》革《かく》を指導《しどう》しました。こうして韓は、ますますわが国に対する信頼《しんらい》を深め、韓民の中には、東洋の平和をたもつため、日・韓両国が一体になる必要があると考えるものが、しだいに多くなりました。韓国皇帝も、かねてこれをお望みになっていましたので、明治四十三年、天皇にいっさいの統治権《とうちけん》をおゆずりになることになりました。

明治天皇は、この申し出をおきき入れになって、特に韓国併合《へいごう》の詔《みことのり》をおくだしになり、韓国皇帝もまた、韓民に対し、日本の政治に従って、いよいよ幸福《こうふく》な生活を送るよう、おさとしになりました。また、韓という名も朝鮮と改り、新《あら》たに置かれた総督《そうとく》が、いっさいの政務をつかさどることになりました。古来わが国と最も関係の深かった半島の人々は、ここにひとしく皇国の臣民となり、東洋平和の基《もとい》は、いよいよ固くなったのであります。

維新《いしん》以来、わが国運は日に月に盛んとなり、国威は隆《りゅう》々として世界にかがやく折から、思いがけなくも、天皇は、明治四十五年七月、御《おん》病におかかりになりました。国民の驚きはいかばかりか、上下こぞって、ひたすら御平癒《ごへいゆ》をお祈り申しあげました。御《ご》病状を案じ奉って、二重橋のほとりに集るものは、日に幾千とも知れないほどで、夜を通して祈り続ける人々も、少くありませんでした。ところが、御病は日ごとに重らせられ、ついに七月三十日、御年六十一歳で、おかくれになりました。国民の悲しみは、たとえようもなく、世界の国々もまた、御高徳《ごこうとく》をたたえ奉り、つつしんで崩御《ほうぎょ》をおいたみ申しあげました。

明治天皇

　かしこくも明治天皇は、内外多事の際、御《ご》年少の御《おん》身で御位をおつぎになり、万機をお統《す》べになること、まさに四十六年に及びました。その間、維新の大業をおとげになり、新政を整えて国力を充実《じゅうじつ》あらせられ、皇威を世界にのべて、興亜の礎《いしずえ》をお築きになりました。まことに、明治の御代における国運の進展《しんてん》は、東西《とうざい》古今の歴史に、その例を見ないところであります。

天皇は、皇祖皇宗の御遺訓《ごいくん》に基《もと》づき、つねに御《おん》みずから手本をお示《しめ》しになって、ふみ迷う国民をおみちびきになりました。また、明け暮れ、万民のことに大御心をかけさせられ、数々の御恵《みめぐ》みをたまわりましたが、その御心を、

照るにつけくもるにつけて思ふかな
　わが民草《たみくさ》のうへはいかにと

とおよみになっていらっしゃいます。われわれ国民は、ただありがたさに、涙がこぼれるばかりであります。

天皇がおかくれになると、ただちに第百二十三代大正天皇《たいしょうてんのう》が、御位をおつぎになり、年号を大正とお改めになりました。この年の九月、大葬《たいそう》の御儀《おんぎ》があり、伏見桃山陵《ふしみのももやまのみささぎ》におさめまいらせました。霊柩《れいきゅう》がまさに宮城をお出ましになる時刻に、乃木《のぎ》大将と夫人《ふじん》は、その邸《やしき》で自刃《じじん》して、明治天皇の御《み》あとをしたい申しあげました。

昭憲皇太后のおいつくしみ

明治天皇神去りまして、悲しみの涙さえまだ乾かないのに、昭憲皇太后《しょうけんこうたいごう》もまた、御病のため、大正三年四月に、おかくれになりました。重ね重ねの悲しみのうちに、やがて大葬の御儀があり、伏見桃山東陵《ふしみのももやまのひがしのみささぎ》におさめまいらせました。皇太后は、いつくしみの御心に深くいらせられ、戦時には、傷病兵をおいたわりになり、つねには、学校・病院・工場などに行啓《ぎょうけい》あらせられて、教育や産業をおはげましになり、慈《じ》善《ぜん》・施療《せりょう》の業《わざ》をおすすめになりました。

東京代々木《よよぎ》の明治神宮は、明治天皇と昭憲皇太后をおまつり申しあげるお社であります。国民は、ながく御二方《おんふたかた》の御高徳を仰いで、神宮に御陵《ごりょう》にお参

明治神宮に参拝する人々

りするものが、つねに絶えません。昭和二年、第百二十四代今上天皇《きんじょう》は、明治天皇のお生まれになった十一月三日を、明治節とお定めになりました。国をあげて、この日をお祝い申しあげ、とこしえに、大御業《おおみわざ》をおしのび申しあげるのであります。

明治天皇・昭憲皇太后の諒闇《りょうあん》が終って、大正天皇は、大正四年の十一月、始めて皇室典範《こうしつてんぱん》の定めにのっとり、即位《そくい》の礼を、京都の皇宮《こうぐう》でお挙《あ》げになりました。ここに大正の御代は、御恵みのもと、洋々として開けて行きます。しかもこのころ、ヨーロッパ諸国は戦争の真最中で、わが国もまた、東亜の保全のため、正義の戦を進めていたのであります。

二　太平洋《たいへいよう》の波風《なみかぜ》

ヨーロッパに戦争が起ったのは、大正三年七月のことであります。ヨーロッパでは、かねて、ドイツ・オーストリア＝ハンガリー・イタリアの三国とフランス・ロシアの二国とが、それぞれ同盟を結んで対立《たいりつ》していました。ところが、それまで、どちらのみかたもしないでいたイギリスが、日露戦役のころから、フランスに近づき、やがて明治四十年には、すっかりフランス・ロシア側の仲間入りをしました。それは、イギリスが、めきめきと強くなったドイツの勢を、恐れたからです。一方ドイツ側では、イタリアとオーストリア＝ハンガリーとの仲がわるくなって、イタリアは、同盟から離れそうになっていました。

日露戦役でわが国の勝ったことは、こうしたヨーロッパの形勢に、少からぬ影響《えいきょう》を与えていきます。イギリスがロシアに近づくようになったのは、その一つです。また、ロシアがやぶれたので、オーストリア＝ハンガリーは、バルカン半島へ手をのばし始めました。ところで、バルカンの一国、セルビアの一青年が、オーストリア＝ハンガリーの皇嗣《こうし》を暗殺《あんさつ》したため、両国の間に戦端が開かれ、この波紋がひろがって、ついに、ドイツを中心とする同盟国と、ロシア・イギリス・フランス等の連合《れんごう》国との、大戦争になりました。

わが国は、当時なお諒闇のことでもあり、もっぱら中立を守って、東洋の平和をたもとうと

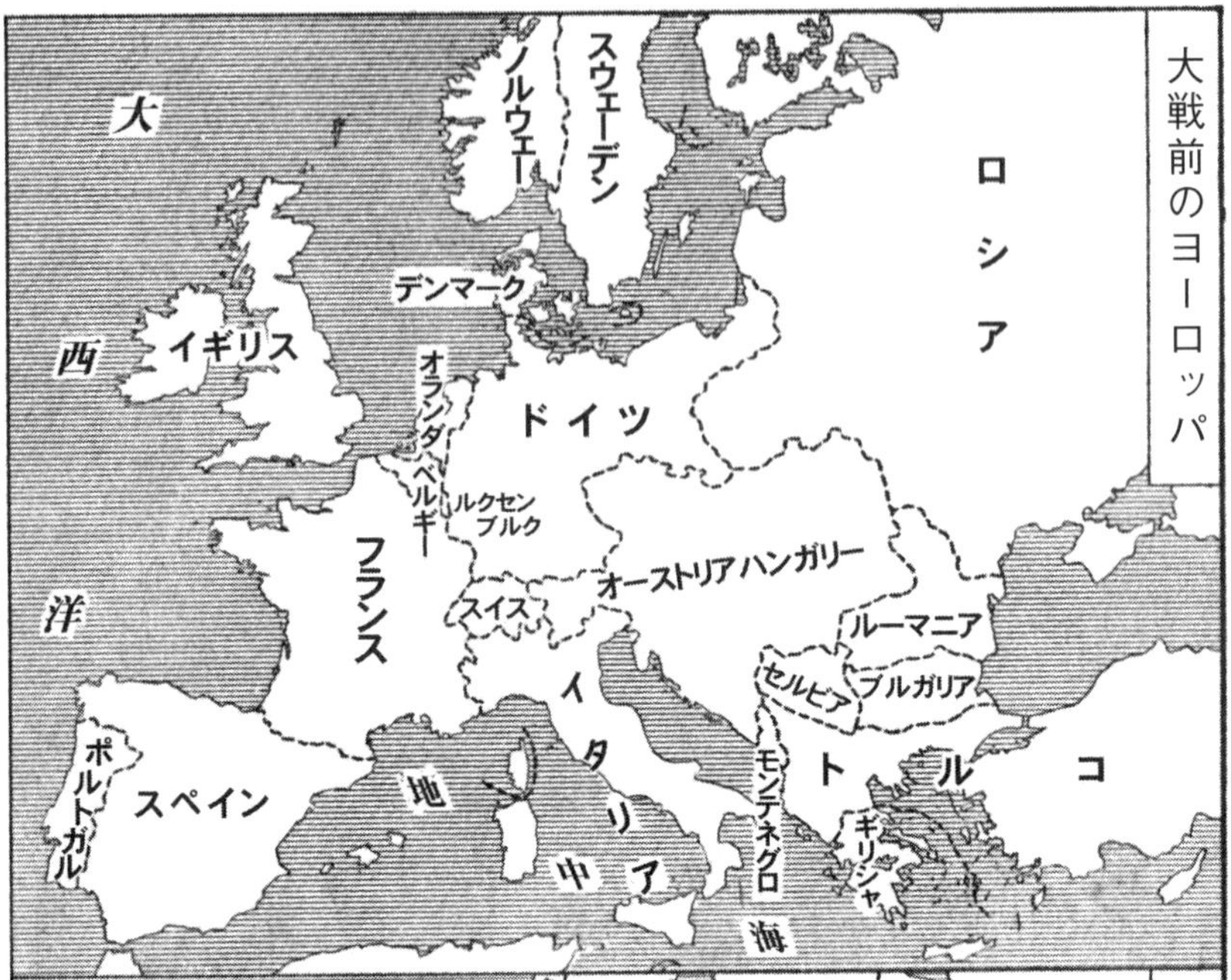

大戦前のヨーロッパ

大戦後のヨーロッパ

帝国艦隊の南洋進出

しました。ところがドイツは、膠州湾《こうしゅう》の兵力を増し、しかもその艦艇が、しきりに東亜の海に出没します。よってわが国は、東洋平和のため、また日英同盟のことをも考えて、大正三年八月二十三日、ドイツと国交をたち、この日、かしこくも、宣戦の大詔がくだりました。海軍は、ただちに膠州湾を封鎖《ふうさ》し、陸軍は、背後《はいご》から青島《せいとう》を攻撃して、同年十一月、これをおとしいれました。わが国で、飛行機を戦闘に用いたのは、この時が最初でした。この間、わが艦隊の一部は、南洋へ進み、敵艦を太平洋から追い払って、ドイツ領のマーシャル・マリアナ・カロリンなどの諸群島を占領しました。ドイツの艦艇は、なおインド洋や地中海に現れ、盛んに各国の商船を撃沈《げきちん》し、わが商船にも損害を与えました。そこで、わが艦隊は、遠くこの方面へも出動し、さまざまの困難《こんなん》をしのいで、通商の保護に当りました。

この間、ヨーロッパの形勢は、トルコ・ブルガリアが同盟国に加り、イタリアが連合国に加りましたが、戦況は、同盟国に有利《ゆうり》でした。大正六年に、やっとアメリカ合衆国が、連合国に加りました。アメリカは、それまで中立を守り、通商で、ばくだいな利益《りえき》を占《し》めていたのです。これと前後して、ロシアに内乱《ないらん》が起り、やがてソビエト政府ができると、翌七年、ドイツと単《たん》独講和《どく》を結びました。ところで同盟国も、このころから急に弱って足なみが乱れ、まずブルガリア・トルコが降伏《こうふく》し、やがてオーストリア＝ハンガリー・ドイツにも、相ついで内乱が起り、ついに屈して、講和を求めました。

翌大正八年、平和会議《へいわかいぎ》が、フランスのパリで開かれ、ベルサイユ条約が成立しました。これによって、わが国は、膠州湾と山東省《さんとう》とにもっていたドイツのいっさいの権益《けんえき》を得、赤道《せきどう》以北の旧ドイツ領南洋群島の統治を委任《いにん》されました。また、この条約にそえて、各国は国際連盟《こくさいれんめい》を作り、以後たがいに力を合わせて、世界の平和をはかることになりました。

こうして、世界の平和は、ひとまず回復されましたが、大戦の結果《けっか》として現れたものは、アメリカ合衆国やイギリスのわがままなふるまいでした。米国は、自分のいい出した国際連盟にさえ加らず、英国は、連盟を自分の都合のよいように利用することにつとめました。そればかりか、日本の興隆をねたんで、事ごとにわが国の発展をおさえようとしました。それは、米・英が東亜に野心をもっているからで、米国は、大戦中、わが海軍が南洋へ進出することをさえ、

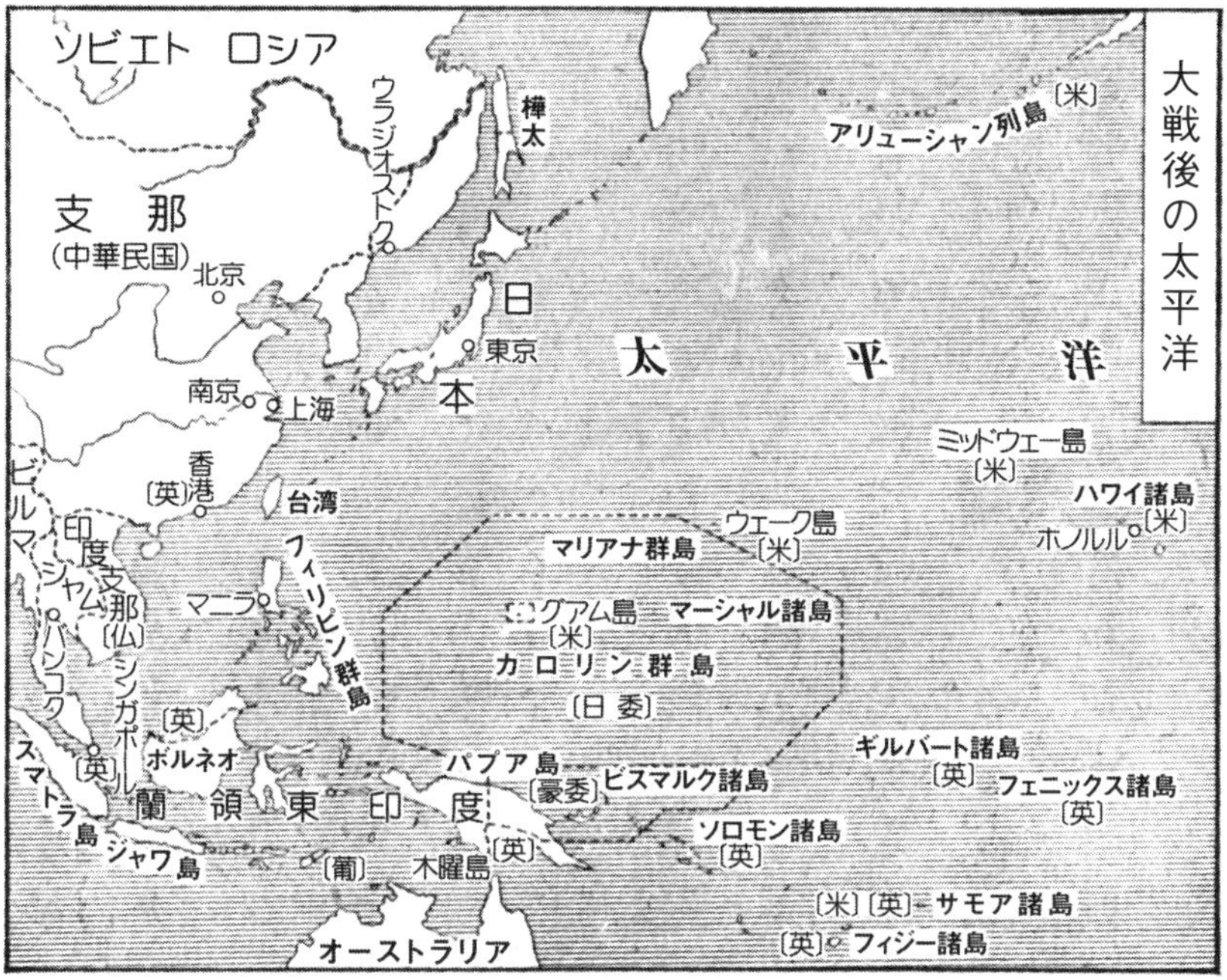

大戦後の太平洋

いやがったほどです。大正三年に、パナマ運河が開通してから、米国の東亜に対する欲望は、いよいよ大きくなっていました。しぜん世界の目は、戦後、ヨーロッパから太平洋へ移りました。大正から昭和へかけて、国際問題の中心になった海軍軍備縮小《しゅくしょう》会議は、まさに、米・英が太平洋を支配しようとする下心の現れでありました。

大正十年、米国の発起《ほっき》で、日・英・米・仏《ふつ》・伊《い》等の諸国が、ワシントンに会議を開き、軍備の制限《せいげん》、太平洋・東亜に関する諸問題を協議しました。その結果、軍備の制限では、日・英・米の主力艦の比率《ひりつ》を三・五・五（仏・伊は一・七五）と定め、また、太平洋の島々の武備を制限することにきめました。太平洋・東亜の問題については、別に条約を結び、この

皇太子がヨーロッパへお渡りになる

方面にある各国の島々に、問題が起った時は、共同で処理《しょり》し、かつ、支那の領土を尊重《そんちょう》することなどを、約束しました。しぜん日英同盟は、不必要というので、廃棄《はいき》されました。しかも会議は、米・英の無理が通って、わが国に不利な点が少くなかったのですが、わが国は、もっぱら列国の信義に期待《きたい》して、寛《かん》大《だい》に事に処しました。すると、米・英の非道《ひどう》は、更に露骨《ろこつ》となり、わが移民《いみん》に圧迫《あっぱく》を加え、大正十三年、米国は、わざわざ法律まで作って、移民をこばむようになりました。

　この間、米・英は、支那に対して、領土を尊重するように見せかけながら、ひそかに利益をあさりました。支那では、明治の末に清《しん》がほろび、中華民国《ちゅうかみんこく》がこれに代っていました。しかも支那は、北清事変《ほくしんじへん》以来のわが好意を忘れ、しだいに、米・英にたよって、わが国を軽んじるようになりました。かくて日・

文の関係は、前途なかなか多難で、東洋の平和も、ふたたび危く見えて来ました。

わが国も、たびたびの戦勝から、内には、ゆだんの心も起っていました。世界のうごきの表面だけしか見ない人が多く、だいじな東亜、ことに支那に対する研究が、不十分でした。国民の気持も、いつとなくゆるんで、生活が、はなやかになっていました。折しも大正十二年、関東地方に大震災が起り、その災難で、人々の心がぐらつきました。おそれ多くも、国民精神作興の詔書をおくだしになり、深く国民をお戒《いまし》めになったのは、この時のことであります。

大正天皇

さきに、大正十年三月、皇太子裕仁親王《ひろひとしんのう》は、八重《やえ》の潮路《しおじ》をはるばると、ヨーロッパへお渡りになり、国々をめぐって皇威を御発揚《ごはつよう》の上、同年九月、めでたく還啓《かんけい》あらせられました。時に、天皇御病のため、皇太子は、同年十一月、皇室典範の定めにより、摂政《せっしょう》の任に、おつきになりました。

大正十五年十二月、天皇の御病は、いよいよ重く、国民こぞって御平癒をお祈り申しあげたそのかいなく、ついに同月二十五日、御年四十八歳で、おかくれになりました。かしこくも大正天皇は、特に国際上多事の際、明治天皇の御遺業《ご》をおつぎになり、内に、民草をおいつくしみになって、国力の充実につとめさせられ、外に、国威をおのべになって、世界平和のために、御心をお用いになりました。その御高徳・御鴻業《ごこうぎょう》は、国民はもとより、世界のひとしく仰ぎ奉るところであります。

第十五　昭和《しょうわ》の大御代《おおみよ》

一　満洲事変《まんしゅうじへん》

今上天皇は、大正天皇の第一皇子《おうじ》にましまし、明治三十四年四月二十九日に、御降誕《ごこうたん》あらせられました。御年十六歳の時、皇太子にお立ちになり、やがて内外多事の折に、摂政《せっしょう》の御重任《ご》をおはたしになりました。

大正天皇がおかくれになると、ただちに践祚《せんそ》あらせられ、年号を昭和と改め、ついで文武百官を召して、朝見《ちょうけん》の儀を行《おこな》わせられました。やがて昭和二年二月、大正天皇の大葬《たいそう》の御《おん》儀があり、多摩陵《たまのみささぎ》におさめたてまつりました。

諒闇《りょうあん》があけて昭和三年十一月、即位《そくい》の礼を、京都の皇宮《こうぐう》でお挙《あ》げになりました。まず、賢所《かしこどころ》大前《おおまえ》の御儀があって、皇祖天照大神に、即位の由《よし》をおつげになり、ついで、紫宸殿《ししんでん》の高御座《たかみくら》にお登りになって、広く天下に、これをお宣《の》べになりました。この時、国民は、一せいに万歳をとなえて、宝祚《あまつひつぎ》の御栄《みさか》えをお祝い申しあげました。天皇は、ついで大嘗祭《だいじょうさい》を行わせられ、天照大神を始め天地の神々に、したしく神饌《しんせん》を供えて、夜もすがらおまつりになり、かぎりなく尊い御《ご》盛儀は、かくてめでたく終りました。

即位の礼

昭和の御代が隆《りゅう》々と開けてゆく時、海外の諸国は、世界平和を望むわが国の誠意を無視して、勝手なふるまいを続けていました。イギリスは、ひそかにシンガポールの武備を固め、アメリカ合衆国《がっしゅうこく》は、たくみに支那をあやつり、ソビエト連邦《れんぽう》は、軍備の拡張《かくちょう》に日も足らぬ有様《ありさま》です。

満洲事変

中華民国《ちゅうかみんこく》もまた、このころ、国内がひとまずしずまるとともに、いよいよ、排日《はいにち》の気勢を高めて来ました。しかも米《べい》・英は、更にわが国をおさえようとして、またまた、軍備縮小《しゅくしょう》の相談をもちかけ、昭和五年、英国の発起《ほっき》したロンドン会議《かいぎ》では、わが公正な意見をかえりみず、補助艦《ほじょかん》の比率《ひりつ》七割を、わが国におしつけました。

　支那は、じっとこらえているわが国の態度を、臆病《おくびょう》と見て取ったのか、ますます排日の気勢をあおり、はては、わが居留民に危害《きがい》を加え、満洲におけるわが権益《けんえき》をさえおびやかす挙に出ました。すなわち、昭和六年九月、支那軍は、不法にも、南満洲鉄道を爆破《ばくは》しました。東洋の平和を望み、隣国《りんごく》のよしみを思えばこそ、たえしのんで来たわが国も、事ここに至って、決然としてたちあがりました。支那は、国際連盟《こくさいれんめい》にすがり、列強をみかたに引き入れようとします。わが国は、正々堂々、膺懲《ようちょう》の軍を進めて、たちまち、支那軍を満洲から駆逐しました。これを満洲事変といいます。

長い間、悪政のもとに苦しんでいた満洲の住民《じゅうみん》は、これを機会に独立《どくりつ》の運動を起し、昭和七年三月、新《あら》たに国を建てて満洲国とし、溥儀執政《ふぎしっせい》をいただくことになりました。わが国は、東洋平和のため、その建国《けんこく》を喜び、同年九月、列国に先だって独立を承認《しょうにん》し、日満議定書《にちまんぎじょうしょ》を交換《こうかん》して、両国の共同防衛を約束しました。

ところが、国際連盟は、わが公正な処置《しょち》を認めず、満洲国の発達をさまたげようとしました。よってわが国は、昭和八年三月、きっぱりと、連盟を脱退《だったい》しました。この時、かしこくも天皇陛下は、詔《みことのり》をおくだしになって、日本の進むべき道をおさとしになり、国民の奮起をおはげましになりました。国民は、つつしんで詔を拝し、東洋永遠の平和のためには、いかなる困難《こんなん》にもたえしのぶことを誓いました。しかも国民は、満洲事変を通して、世界のうごきをはっきりと知り、ここに、自主独往の覚悟を固くしたのであります。

昭和八年十二月二十三日、皇太子継宮明仁親王《つぐのみやあきひとしんのう》が、お生まれになりました。国民は、久しく皇太子の御誕生《ごたんじょう》をお待ち申しあげていましたので、その喜びはたとえようもなく、奉祝《ほうしゅく》の声は、全国に満ちあふれました。満洲国でも、家ごとに日の丸の旗をかかげて、心から御誕生をお祝い申しあげました。

満洲国皇帝の御答礼

満洲国は、独立後わずか一二年の間に、見違えるほど、りっぱな国になり、国民の生活も、日々に安らかとなりました。昭和九年三月には、溥儀執政が、国民に推《お》されて、皇帝の位におつきになり、国は満洲帝国となりました。秩父宮雍仁《ちちぶのみややすひと》親王は、天皇の御名代《ごみょうだい》として、満洲国へお渡りになり、したしく、お祝いのことばをお述べになりました。翌昭和十年、皇帝は、御答礼《ごとうれい》のため、わが国をお訪《たず》ねになり、日満の親善《しんぜん》は、年とともに深まって行きました。

国際連盟が、わが正当な行為《こうい》を認めない今となっては、ワシントン会議以来の軍備制限《せいげん》条約は、国防上、とうていしのびがたいものとなりました。よってわが国は、昭和九年十二月、条約の廃棄《はいき》を、アメリカ合衆国に通告しました。かくて一年ののち、ふたたびロンドンで会議が開かれた際《さい》、わが国は、国防上最も公正な意見を、堂々と述べました。しかも、米・英両国がこれをこばむに及んで、わが国は、決然として会議を脱退しました。ここに、帝国海軍の日ごろの猛訓練は、更にいっそうの激しさを加えて行きました。

二　大東亜戦争《だいとうあせんそう》

わが国は、さきに内鮮一体の実を挙げて、東洋平和の基《もとい》を築き、今また、日満不可分の堅陣《けんじん》を構《かま》えて、東亜のまもりを固めました。しかも、東洋永遠の平和を確立《かくりつ》するには、日・満・支三国の緊密《きんみつ》な提携《ていけい》が、ぜひとも必要であります。わが国は、支那にこの旨をつげて、しきりに協力をすすめました。ところが支那の政府《せいふ》は、わが誠意を解《かい》せず、欧《おう》米の援助《えんじょ》を頼みに排日を続け、盛んに軍備を整えて、日・満両国にせまろうとしました。

果して、昭和十二年七月七日、支那兵が、北京《ペキン》近くの盧溝橋《ろこうきょう》で、演習中のわが軍に発砲して戦をいどみ、更に、わが居留民に危害を加えるものさえ現れました。

わが国は、支那の不法を正し、さわぎをくい止めようとつとめましたが、支那の非道《ひどう》は、つのるばかりでした。ここに、暴支膺懲《ぼうし》の軍が派遣《はけん》せられ、戦は、やがて北支から中支・南支へとひろがりました。

南京攻略

この間、忠烈勇武な皇軍の将士は、各地に転戦して、次々に敵の根城を落し、早くも十二月十三日、首都《しゅと》南京《なんきん》を攻略して、城頭高く日章旗をひるがえし、翌十三年十月には、広東《かんとん》・武昌《ぶしょう》・漢口《かんこう》等の要地を占領しました。しかも、海軍が沿岸の封《ふう》鎖《さ》に当り、陸海の荒鷲《あらわし》が、大陸の空を制圧《せいあつ》しましたので、重慶《じゅうけい》へ落ちのびた敵の政府は、息もたえだえの有様になりました。

　かしこくも天皇陛下は、宮城内に大本営を置いて、日夜《にちや》軍務をお統《す》べになり、事変一周年の当日には、勅語《ちょくご》をたまわって、将士の奮闘と銃後の勉励とをおほめになり、日・支の協力による東亜の安定《あんてい》を、一日も早く実現《じつげん》するようにと、おはげましになりました。聖旨《せいし》を奉体して、わが政府は、この年の明治節に、戦の目的《もくてき》が、支那の目をさまして、東亜に新しい秩序《ちつじょ》を作ることにある旨を声明しました。

わが誠意に感激した支那の人々は、いくつか新しい政府を作り、これが基となって、昭和十五年三月、汪精衛《おうせいえい》の率いる新国民政府が、南京で成立しました。やがて十一月、わが国は、これと条約を結び、ここに日・満・支三国が、力を合わせて、東亜新秩序の建設に、はげむことになりました。しかし、重慶の政府は、なお米・英の援助によって、からくも命をつなぎ、あくまで、わが国に手むかい続けました。

このころ、すでにヨーロッパでも、戦争が起っていました。欧洲大戦後およそ二十年間、ひたすら国力の回復につとめて来たドイツが、昭和十四年に、うらみ重なる英・仏《ふつ》その他の諸国と、戦争を開始《かいし》しました。しかもドイツは、たちまち、ポーランド・オランダ・ベルギーを撃ち破り、ついでフランスを降伏《こうふく》させ、その勢は、なかなか盛んであります。それに今度は、イタリアが、ドイツのみかたとして立つことになりました。

わが国は、かねがね独・伊《い》両国と、志を同じゅうしていましたので、昭和十五年九月、改めて同盟《どうめい》を結び、三国ともどもに力を合わせて、一日も早く戦乱《せんらん》をしずめ、世界の平和を確立しようと約束しました。わが国は、東亜をりっぱな東亜に立て直すことを使命とし、独・伊は、欧洲を正しい欧洲に造《つく》りかえることを使命とする、――三国は、この大業をなしとげるため、たがいに助け合うことになったのです。

真珠湾爆撃

ところで、米・英の両国は、重慶政府を助けて、支那事変を長引かせるばかりか、太平洋の武備を増強し、わが通商をさまたげて、あくまで、わが国を苦しめようとしました。しかも、わが国は、なるべく事をおだやかに解決しようと、昭和十六年の春から半年以上も、誠意をつくして、米国と交渉《こうしょう》を続けましたが、米国は、かえってわが国をあなどり、独・ソの開戦を有利《ゆうり》と見たのか、仲間の国々と連絡《れんらく》して、しきりに戦備を整えました。こうして、長い年月、東亜のためにつくして来たわが国の努力は、水の泡《あわ》となるばかりか、日本自身の国土さえ、危くなって来ました。

昭和十六年十二月八日、しのびにしのんで来たわが国は、決然としてたちあがりました。忠誠無比の皇軍は、陸海ともどもに、ハワイ・マレー・フィリピンをめざして、一せいに進攻を開始しました。

シンガポール入城

勇ましい海の荒鷲が、御《み》国の命を翼にかけて、やにわかに真珠《しんじゅ》湾をおそいました。水《み》づく屍《かばね》と覚悟をきめた特別攻撃隊も、敵艦めがけてせまりました。空と海からする、わが猛烈な攻撃は、米国太平洋艦隊の主力を、もののみごとに撃滅しました。この日、米・英に対する宣戦の大詔がくだり、一億《おく》の心は、打って一丸となりました。二重橋のほとり、玉砂利《たまじゃり》にぬかづく民草《たみくさ》の目は、決然たるかがやきを見せました。

　ほとんど同時に、英国の東洋艦隊は、マレー沖のもくずと消え、続いて、かれが、百年の間、東亜侵略《しんりゃく》の出城《でじろ》とした香港《ほんこん》も、草むす屍とふるいたつわが皇軍の精鋭によって、たちまち攻略されました。昭和十七年を迎えて、皇軍は、まずマニラを抜き、また破竹《はちく》の進撃は、マレー半島の密林をしのいで、早くも二月十五日、英国の本陣、難攻不落《ふらく》をほこるシンガポールを攻略しました。その後、月を重ねて、蘭印《らんいん》を屈伏させ、ビルマを平定し、コレヒドール島の攻略がなり、戦果《せんか》はますます拡大されました。相つぐ大小の海戦に、撃ち沈められた敵の艦船は、おびただしい数にのぼっています。しかも、細戈千足《くわしほこちたる》の国のますらおは、西に遠くマダガスカルの英艦をおそい、北ははるかに米領アリューシャン列島を突いて、世界の国々をあっといわせました。

この間、三国同盟は、一だんと固められて、独・伊も米国に宣戦し、日本とタイ国との同盟が成立して、大東亜建設は、更に一歩を進めました。今や大東亜の陸を海を、日の丸の旗が埋めつくし、日本をしたう東亜の民は、日に月によみがえって行きます。すべてはこれ御稜威《みいつ》と仰ぎ奉るほかありません。

三　大御代《おおみよ》の御栄《みさか》え

わが国は、尊い戦を進めながら、かがやかしい紀元二千六百年を迎えたのでありました。三国同盟が成立したのも、新しい支那と条約を結んだのも、この年、すなわち昭和十五年のことです。

かしこくも天皇陛下は、このめでたい年の紀元節に、詔をおくだしになって、国民すべてが、

奉祝の式典

神武天皇の御創業《ごそうぎょう》をおしのび申しあげ、いかなる難局をも切り開くようにと、おさとしになりました。ついで六月には、神宮を始め、橿原《かしはら》神宮・伏見桃山陵《ふしみのももやまのみささぎ》・多摩陵などに、御《ご》参拝あらせられ、紀元二千六百年をお迎えあそばされたことを、したしく御《ご》報告になりました。

同月、満洲国皇帝は、ふたたび御《ご》来朝、天皇陛下に、紀元二千六百年のお祝いを、したしくお述べになり、皇大神宮・橿原神宮・伏見桃山陵などに、御参拝になりました。皇帝は、かねがね、わが皇室の御《おん》徳をおしたいになり、日本と同じように満洲国を治めたいとのお考えでありましたので、御帰国《ごきこく》後、建国神廟《けんこくしんびょう》を帝宮《ていきゅう》内に建て、天照大神をおまつりになって、日夜、大神の御《み》心を奉体し、政治におはげみになることになりました。

この年の九月、北白川宮永久王《きたしらかわのみやながひさおう》が、尊い御《おん》身をもって、蒙疆《もうきょう》の地で御《ご》戦死をおとげになりました。国民の驚きは、ひと通りでなく、御祖父能《おんそふよし》久《ひさ》親王の御《おん》事をもしのび奉って、感激の涙にむせびました。

やがて、菊花《きっか》かおる十一月、宮城前の式場に、天皇・皇后両陛下の臨御《りんぎょ》を仰ぎ、おごそかに、紀元二千六百年奉祝の式典が催されました。この日、大空はさわやかに澄み渡って、一片《いっぺん》の雲影もなく、美しい式殿の両側には、銀色の鉾《ほこ》が、秋日を受けてきらきらとかがやき、朱色《しゅいろ》の旛《はた》が、そよ風にゆらいでいました。式場をうずめた参列者は、大君の尊い御姿《みすがた》を仰ぎ、ありがたい勅語をたまわって感きわまり、声をかぎりに、万歳を奉唱しました。津々浦々《つつうらうら》の民草もまた、これに和し、奉祝の喜びのうちに、遠く国史をふりかえって、難局打開《だかい》の覚悟を新たにしました。

遠すめろぎのかしこくも、はじめたまいしおお大和《やまと》、――まことにわが大日本帝国は、皇祖天照大神が、天壌無窮《てんじょうむきゅう》の神勅をくだして、国の基をお固めになり、神武天皇が、皇祖の大御心をひろめて、即位の礼をお挙げになった、尊い国であります。以来、万世一系の天皇は、いつの御代にも、深い御恵《みめぐ》みを民草の上にお注ぎになり、国力は時とともに充実《じゅうじつ》し、御稜威は遠く海外にかがやき渡りました。

御恵みのもと、世々の国民は、天皇を現御神《あきつみかみ》とあがめ、国の御親《みおや》とおしたい申しあげて、忠誠をはげんで来ました。その間、皇恩になれ奉って、わがままをふるまい、太平に心をゆるめ

日本のしるし

て、内わもめをくり返し、時に無恥《むち》無道《むどう》の者が出たことは、何とも申しわけのないことでありました。しかし、そうした場合でも、親子・一族・国民が、たがいに戒《いまし》め合い、不覚をさとし、無道をせめて、国のわざわいを防ぎました。清麻呂が道鏡の非望をくじき、重盛が父のわがままをいさめ、光圀・宣長らが大和心を説《と》いて尊皇《そんのう》の精神を吹きこんだなど、その例です。しかも、元寇の時のように、いったん外国と事の起った場合には、国民こぞってふるいたち、戦線・銃後ともどもに、力を合わせて国難を打開しました。また、大化の改新、建武の中興、明治の維新のように、内外多事の際には、勤皇の人々が続々現れて、大御業《おおみわざ》をおたすけ申しあげました。従って、わが国では、一見世の中が乱れたような場合でも、決して国の基を動かすようなことはありません。こうしたことは、わが国だけに見られることで、すべては御稜威のかがやきであり、尊い国がらの現れであります。

昔、支那の勢が盛んで、あたりの国々を従えていた時でも、日本だけは、堂々と国威を示《しめ》して、一歩もゆずりませんでした。四百年ばかり前から、まずポルトガル・スペインが、ついでオランダ・イギリス・ロシアが、最後にアメリカ合衆国が、盛んに東亜をむしばみました。わが国は、いち早くその野心を見抜いて、国の守りを固くし、東亜の国々をはげまして、欧米勢力の駆逐につとめて来ました。そうして、今やその大業を完成するために、あらゆる困難をしのいで、大東亜戦争を行っているのです。皇国の興隆、東亜の安定は、この一戦とともに開けてゆくのであります。

昭和十四年五月二十二日、かしこくも天皇陛下は、全国青少年学徒の代表を、宮城前で御親閲《ごしんえつ》になり、特に勅語をたまわって、日本の将来をになう、りっぱな人物になるようにと、おさとしになりました。つづいて、昭和十六年には、御国のお役に立つ、りっぱな国民を育てるために、小学校は、国民学校に改りました。私たちは、現にこの国民学校で、楽しく勉強しているのであります。

私たちは、楠木正成が、桜井の里で、正行をさとしたことばを、よくおぼえています。

「獅子《しし》は子を産み、三日にして、数千丈の谷に投ず。その子、まことに獅子の気性あれば、は

天皇陛下の御ために

ね返りて死せずといえり。汝すでに十歳に余りぬ。一言耳にとどまらば、わが教えにたがうことなかれ。今度の合戦、天下の安否と思えば、今生にて汝が顔を見んこと、これを限りと思うなり。………敵寄せ来らば、命にかけて忠を全うすべし。これぞ汝が第一の孝行なる」

私たちは、一生けんめいに勉強して、正行のような、りっぱな臣民となり、天皇陛下の御《おん》ために、おつくし申しあげなければなりません。

年表

御代	紀元	年号	事がら	題目
一 神武天皇	元	元年	御即位	神国
同	四	四年	鳥見の山中で皇祖をおまつりになる	
一〇 崇神天皇	五六九	六年	天照大神を笠縫邑におまつりになる	
同	五七三	十年	四道将軍をおつかわしになる	
同	五七五	十二年	人口を調べみつぎ物をお定めになる	
同	五八〇	十七年	諸国に命じて船をお造らせになる	
一一 垂仁天皇	六五六	二十五年	皇大神宮をお建てになる	
同	六六六	三十五年	池や溝をお造らせになる	
一二 景行天皇	七四二	十二年	熊襲をお討ちになる	
同	七五五	二十五年	武内宿禰を東国へおつかわしになる	
同	七五七	二十七年	日本武尊が熊襲をお平げになる	
同	七七〇	四十年	日本武尊が蝦夷をお平げになる	
一三 成務天皇	七九五	五年	国・郡を設けて地方の政治をお整えになる	
一四 仲哀天皇	八六〇	九年	神功皇后が新羅をお討ちになる	

一五 応神天皇	八六五	五年	新羅が始めてみつぎ物をたてまつる
同	九四五	八十五年	王仁が百済から来て学問を伝える
一六 仁徳天皇	**九七六**	四年	税をお免じになる
二一 雄略天皇	一一二二	六年	皇后が養蚕におはげみになる
同	一一三八	二十二年	外宮の始り
二九 欽明天皇	一二一二	十三年	百済から始めて仏教が伝わる
三三 推古天皇	**一二五三**	元年	聖徳太子が摂政にお立ちになる
同	一二六四	十二年	十七条の憲法をお定めになる
同	一二六七	十五年	小野妹子を隋へおつかわしになる
			法隆寺をお建てになる
同	一二八〇	二十八年	始めて国史が作られる
三四 舒明天皇	一三〇〇	十二年	高向玄理・南淵請安らが唐から帰る
三五 皇極天皇	一三〇五	四年	蘇我氏がほろびる
三六 孝徳天皇	**一三〇五**	大《たい》化《か》元年	大化の改新が始る
三七 斉明天皇	一三一八	四年	阿倍比羅夫に蝦夷・粛慎をお討たせになる
三八 天智天皇	一三二五	四年	長門・筑紫に城が築かれる
同	一三二七	六年	都を近江におうつしになる
同	一三三〇	九年	戸籍をお造らせになる
大和の国原			

四〇	天武天皇	一三四一	九年	法令をお整えになる
四二	文武天皇	一三六一	大《だい》宝《ほう》元年	大宝律令ができあがる
四三	元明天皇	一三六八	和《わ》銅《どう》元年	和同開珎をお造らせになる
	同	**一三七〇**	同三年	平城京におうつりになる
	同	一三七二	同五年	古事記ができあがる
	同	一三七三	同六年	諸国に風土記をお作らせになる
四四	元正天皇	一三八〇	養《よう》老《ろう》四年	日本書紀ができあがる
四五	聖武天皇	一三八四	神《じん》亀《き》元年	多賀城が築かれる
	同	**一三八八**	同五年	渤海が始めてみつぎ物をたてまつる
	同	一三九〇	天《てん》平《ぴょう》二年	施薬院の設置
	同	一四〇一	同十三年	国ごとに国分寺をお造らせになる
	同	一四〇三	同十五年	東大寺の大仏をお造らせになる
	同	一四〇九	天平感宝《てんぴょうかんぽう》元年	陸奥から金をたてまつる
四六	孝謙天皇	一四一二	天平勝宝《てんぴょうしょうほう》四年	大仏ができあがる
四七	淳仁天皇	一四一八	天平宝字《てんぴょうほうじ》二年	太宰府の防衛をお固めさせになる
	同	一四二一	同五年	弓を作る材料を唐へお送りになろうとする
四八	称徳天皇	**一四二九**	神護景雲《じんごけいうん》三年	和気清麻呂が道鏡の無道をくじく
四九	光仁天皇	一四三〇	宝《ほう》亀《き》元年	道鏡を流し清麻呂をお召しかえしになる

奈良の都

五〇 桓武天皇	**一四五四**	延《えん》暦《りゃく》十三年	平安京におうつりになる
同	一四五七	同 十六年	坂上田村麻呂が征夷大将軍に任じられる
同	一四六二	同 二十一年	胆沢城が築かれる
同	一四六四	同 二十三年	最澄・空海が唐へ渡る
同	一四六五	同 二十四年	最澄が天台宗を開く
五一 平城天皇	一四六六	大《だい》同《どう》元年	空海が真言宗を開く
五三 淳和天皇	一四八八	天《てん》長《ちょう》五年	空海が京に学校を開く
五六 清和天皇	**一五二二**	貞《じょう》観《がん》四年	真如親王が唐へお渡りになる
五九 宇多天皇	一五五一	寛《かん》平《ぴょう》三年	菅原道真を重くお用いになる
同	**一五五四**	同 六年	遣唐使の停止
六〇 醍醐天皇	一五六一	延《えん》喜《ぎ》元年	道真が大宰府にうつされる
六八 後一条天皇	一六七九	寛《かん》仁《にん》三年	藤原隆家が刀伊を打ち払う
同	一六八二	治《じ》安《あん》二年	法成寺ができあがる
七〇 後冷泉天皇	一七一一	永《えい》承《しょう》六年	前九年の役が起る
同	一七一三	天《てん》喜《ぎ》元年	藤原頼通が鳳凰堂を建てる
同	一七二二	康《こう》平《へい》五年	前九年の役がしずまる
七一 後三条天皇	一七二九	延《えん》久《きゅう》元年	政治をお改めになる
七三 堀河天皇	**一七四六**	応《おう》徳《とく》三年	白河上皇が院中で政務をおさばきになる

京都と地方

七三 堀河天皇	一七四七	寛《かん》治《じ》元年	後三年の役がしずまる
七五 崇徳天皇	一七八四	天《てん》治《じ》元年	藤原清衡が金色堂を建てる
同	一七八九	大《だい》治《じ》四年	平忠盛が瀬戸内海の海賊を平げる
七七 後白河天皇	**一八一六**	保《ほう》元《げん》元年	保元の乱
七八 二条天皇	一八一九	平《へい》治《じ》元年	平治の乱
七九 六条天皇	一八二七	仁《にん》安《あん》二年	平清盛が太政大臣に任じられる
八一 安徳天皇	一八四〇	治《じ》承《しょう》四年	源頼朝が兵を挙げる
同	一八四五	寿《じゅ》永《えい》四年	平氏がほろびる
八二 後鳥羽天皇	一八四五	文《ぶん》治《じ》元年	頼朝が地方の取りしまりを固める
同	一八四九	同　五年	頼朝が陸奥の藤原氏をほろぼす
同	**一八五二**	建《けん》久《きゅう》三年	頼朝が征夷大将軍に任じられる
同	一八五三	同　四年	富士の巻狩
八四 順徳天皇	一八七九	承《じょう》久《きゅう》元年	源氏がほろびる
八五 仲恭天皇	一八八一	同　三年	承久の変
八六 後堀河天皇	一八九二	貞《じょう》永《えい》元年	北条泰時が武士のおきてを定める
九〇 亀山天皇	一九二八	文《ぶん》永《えい》五年	蒙古の使いが来る　北条時宗が執権になる
九一 後宇多天皇	一九三四	同　十一年	文永の役
同	**一九四一**	弘《こう》安《あん》四年	弘安の役

鎌倉武士

天皇	皇紀	年号	事項
九六 後醍醐天皇	一九七八	文《ぶん》保《ぽう》二年	御即位
同	**一九八一**	元《げん》亨《こう》元年	院政の停止
同	一九八四	正《しょう》中《ちゅう》元年	正中の変
同	一九九一	元《げん》弘《こう》元年	元弘の変　楠木正成・桜山茲俊らの挙兵
同	一九九二	同　二年	隠岐におうつりになる
同	**一九九三**	同　三年	伯耆へお渡りになる　菊池武時戦死 鎌倉幕府がほろび中興の政治が始る
同	一九九五	建《けん》武《む》二年	足利尊氏がそむく
同	**一九九六**	延《えん》元《げん》元年	多々良浜の戦　湊川の戦　名和長年戦死 吉野行幸
同	一九九八	同　三年	石津の戦　藤島の戦
九七 後村上天皇	一九九九	同　四年	北畠親房が神皇正統記を作る
同	二〇〇三	興《こう》国《こく》四年	親房が常陸から吉野へ帰る
同	二〇〇八	正《しょう》平《へい》三年	四條畷の戦
同	二〇一二	同　七年	宗良親王を奉じて新田義興らが東国で賊軍を破る
同	二〇一四	同　九年	親房がなくなる
同	二〇一九	同　十四年	筑後川の戦

吉野山

九八 長慶天皇	二〇四一	弘和《こうわ》元年	懐良親王が明の無礼をおとがめになる
九九 後亀山天皇	**二〇五二**	元中《げんちゅう》九年	京都還幸
一〇〇 後小松天皇	二〇五七	応永《おうえい》四年	足利義満が金閣を造る
同	二〇五九	同六年	応永の乱
同	二〇六一	同八年	義満が明と交りを結ぶ
一〇一 称光天皇	二〇七九	同二十六年	足利義持が明と交りを断つ
一〇二 後花園天皇	二〇九二	永享《えいきょう》四年	足利義教がふたたび明と交りを結ぶ
同	二一〇一	嘉吉《かきつ》元年	義教が部下の武将に殺される
同	二一二〇	寛正《かんしょう》元年	足利義政のおごりをお戒めになる
一〇三 後土御門天皇	**二一二七**	応仁《おうにん》元年	応仁の乱が起る
同	二一三七	文明《ぶんめい》九年	応仁の乱がやむ
同	二一四三	同十五年	義政が銀閣を造る
同	二一五一	延徳《えんとく》三年	北条早雲が伊豆を占める
一〇五 後奈良天皇	**二二〇〇**	天文《てんぶん》九年	御書写の経文を社や寺々におおさめになる
同	二二〇三	同十二年	ポルトガル船が種子島に来て鉄砲を伝える
同	二二〇九	同十八年	スペイン人が来て天主教を伝える
一〇六 正親町天皇	二二二〇	永禄《えいろく》三年	織田信長が桶狭間の戦で武名をあげる
同	二二二三	同六年	外宮のお造りかえ

八重の潮路

一〇六 正親町天皇	二二二七	永《えい》禄《ろく》十年	織田信長が重ねて勅をいただく
同	二二二八	同十一年	信長が足利義昭とともに上洛する
同	二二三〇	元《げん》亀《き》元年	信長が皇居を御修理申しあげる
同	**二二三三**	天《てん》正《しょう》元年	室町幕府がほろびる
同	二二三六	同四年	信長が安土城を築く
同	二二四二	同十年	天目山の戦
			本能寺の変
			山崎の戦
同	二二四五	同十三年	秀吉が関白に任じられる
一〇七 後陽成天皇	二二四七	同十五年	秀吉が軍を九州に進める
			天主教の禁止
同	二二四八	同十六年	聚楽第行幸
			秀吉が貨幣を造る
同	**二二五〇**	同十八年	秀吉が北条氏を征して全国を平定する
同	二二五一	同十九年	秀吉がインド・フィリピンに入貢をすすめる
同	二二五二	文《ぶん》禄《ろく》元年	朝鮮の役が始る
			秀吉が朱印船の制度を始める
同	二二五八	慶《けい》長《ちょう》三年	秀吉がなくなる

御代のしずめ

天皇	皇紀	年号	事項
一〇七 後陽成天皇	二二六〇	慶長五年	関原の戦　京都所司代の設置
			○イギリスが東印度会社を設立する
同	二二六一	同　六年	徳川家康が御料を奉る
同	二二六三	同　八年	家康が征夷大将軍に任じられる
同	二二六九	同一四年	オランダ人に通商を許す
一〇八 後水尾天皇	二二七三	同一八年	イギリス人に通商を許す　支倉常長の渡欧
同	二二七五	元《げん》和《な》元年	豊臣氏がほろびる
			幕府が公家や大名の取りしまりを定める
同	二二七九	同　五年	○オランダがバタビアに総督を置く
同	二二八八	寛《かん》永《えい》五年	浜田弥兵衛がオランダ人をこらしめる
一〇九 明正天皇	二二九〇	同　七年	幕府が洋書の輸入をさしとめる
同	二二九五	同十二年	参勤交代の制度が整う
同	二二九六	同十三年	国民の海外へ行くことが禁止される
同	二二九七	同十四年	島原の乱
同	二二九九	同十六年	オランダ人以外の西洋人の来航を禁止する
一一〇 後光明天皇	二三一一	慶《けい》安《あん》四年	保科正之が幕府の政治をたすける
一一一 後西天皇	二三一七	明《めい》暦《れき》三年	徳川光圀が大日本史の編纂を始める
同	二三二一	寛《かん》文《ぶん》元年	○明がほろび清が支那を統一する

江戸と長崎

一一三 東山天皇	二三五二	元《げん》禄《ろく》五年	光圀が楠公の碑を湊川に建てる
同	二三六二	同十五年	大石良雄らが主の仇を討つ
同	**二三六七**	宝《ほう》永《えい》四年	○大ブリテン国成立　露国カムチャッカ占領
一一四 中御門天皇	二三七〇	同七年	閑院宮家をお立てになる
同	二三七一	正《しょう》徳《とく》元年	幕府が朝鮮使節のもてなし方を改める
同	二三七五	同五年	長崎貿易の制限
同	二三七六	享《きょう》保《ほう》元年	徳川吉宗が将軍に任じられる
同	二三八〇	同五年	吉宗が洋書の禁をゆるめる
同	二三八二	同七年	吉宗が倹約をすすめ参勤交代をゆるめる
一一五 桜町天皇	二四〇四	延《えん》享《きょう》元年	吉宗が青木昆陽に洋学を学ばせる
一一七 後桜町天皇	二四三一	明《めい》和《わ》四年	竹内式部・山県大弐が幕府に罰せられる
一一九 光格天皇	二四四三	天《てん》明《めい》三年	○アメリカ合衆国の独立
同	二四四八	同八年	松平定信が皇居御造営の命を受ける
同	二四五一	寛《かん》政《せい》三年	林子平が海国兵談を作る
同	**二四五二**	同四年	始めてロシアの使節が来る
同	二四五三	同五年	定信の海岸巡視　高山彦九郎の自害
同	二四五八	同十年	古事記伝の完成　近藤重蔵の蝦夷地巡視
同	二四六〇	同十二年	伊能忠敬が蝦夷地の海岸を測量する

御恵みのもと

一一九 光格天皇	二四六六	文《ぶん》化《か》三年	ロシア船が樺太・千島を荒す
同	二四六八	同五年	間宮林蔵の北方探検　英船の来寇
一二〇 仁孝天皇	二四八二	文《ぶん》政《せい》五年	蒲生君平が山陵志を作る
同	二四八五	同八年	幕府が外国船打ち払いの令をくだす
同	二四八六	同九年	頼山陽が日本外史を作る
同	二四九七	天《てん》保《ぽう》八年	大塩平八郎の乱
同	二四九九	同十年	渡辺崋山・高野長英が幕府に罰せられる
同	**二五〇〇**	同十一年	○阿片戦争が起る
同	二五〇一	同十二年	徳川斉昭が大砲を造る　天保の改革
一二一 孝明天皇	二五一三	嘉《か》永《えい》六年	アメリカ合衆国・ロシアの使節が来る
同	二五一四	安《あん》政《せい》元年	幕府がアメリカ合衆国と和親条約を結ぶ
同	二五一八	同五年	幕府が安政の仮条約に調印する
同	二五一九	同六年	安政の大獄
同	**二五二〇**	蔓《まん》延《えん》元年	桜田門外の変
同	二五二二	文《ぶん》久《きゅう》二年	幕府に政治の改革をお命じになる
同	二五二四	元《げん》治《じ》元年	蛤御門の変　長州征伐
同	二五二五	慶《けい》応《おう》元年	仮条約を勅許あらせられる
同	二五二六	同二年	長州再征

うつりゆく世

一二二　明治天皇

皇紀	年号	月	事項
二五二七	慶応三年	十月	慶喜が大政を奉還する
		十二月	王政復古の令をおくだしになる
二五二八	明《めい》治《じ》元年	正月	鳥羽・伏見の戦　開国和親の方針をお定めになる
		三月	五箇条の御誓文をおくだしになる
		七月	江戸を東京とお改めになる
		八月	即位の礼をお挙げになる
		十月	東京へ行幸になる
二五二九	同二年	三月	ふたたび東京へ行幸になる
		五月	国内のさわぎが全くしずまる
		六月	諸藩が領地をおかえしする　東京招魂社の創建
二五三〇	同三年	十月	○イタリアの統一が完成する
二五三一	同四年	正月	○ドイツの統一が完成する
		七月	廃藩置県
		十月	岩倉具視らを欧米諸国へおつかわしになる
二五三二	同五年	八月	学制をおしきになる
		十一月	徴兵令をお定めになる

のびゆく日本

二五三三	明治六年正月	徴兵令の発布
二五三五	同八年五月	ロシアと千島樺太交換条約を結ぶ
	六月	始めて地方官会議をお開きになる
二五三七	同十年二月	西南の役が起り九月にしずまる
二五三九	同十二年三月	始めて府・県会が開かれる
	六月	東京招魂社に靖国神社の社号をたまわる
二五四一	同十四年十月	国会を開くことを仰せ出される
二五四二	同十五年正月	軍人に勅諭をおくだしになる
二五四四	同十七年十二月	朝鮮京城の変
二五四五	同十八年四月	清と天津条約を結ぶ
	十二月	内閣の制度が定まる
二五四八	同二十一年四月	市制・町村制がしかれる
	五月	近衛師団と六箇師団が設けられる
二五四九	同二十二年二月	皇室典範をお定めになり帝国憲法を御発布になる
二五五〇	同二十三年五月	府県制・郡制がしかれる
	十月	教育に関する勅語をおくだしになる
	十一月	第一回の帝国議会をお開きになる
二五五四	同二十七年七月	イギリスと改正条約を結ぶ　ついで各国とも結ぶ

のびゆく日本

二五五四	明治二十七年	七月	豊島沖の戦　成歓・牙山の戦
		八月	清に対する宣戦の詔をおくだしになる
		九月	大本営を広島にお進めになる　黄海の海戦
二五五五	同二十八年	二月	威海衛占領
		四月	下関条約が成立する　三国干渉
		十月	能久親王が台湾をおしずめになる
二五五七	同三十年	十月	○朝鮮が国号を韓と改める
二五五八	同三十一年	三月	○ドイツが膠州湾をロシアが旅順・大連を租借する
		七月	○英国が威海衛を租借する　米国がハワイを併合する
		十二月	○米西戦争の結果米国がフィリピンを手に入れる
二五五九	同三十二年	十一月	北清事変が起る　○フランスが広州湾を租借する
二五六一	同三十四年	四月	今上天皇御誕生
二五六二	同三十五年	正月	イギリスと同盟を結ぶ　○シベリア鉄道が完成する
二五六四	同三十七年	二月	ロシアに対する宣戦の詔をおくだしになる
二五六五	同三十八年	正月	旅順の要塞をおとしいれる
		三月	奉天占領
		五月	日本海海戦
		九月	ポーツマス条約が成立する
東亜のまもり			

二五七〇	明治四十三年	八月	韓と併合条約を結ぶ
二五七一	同　四十四年	四月	イギリスと第二回の改正条約を結ぶ
二五七二	同　四十五年	二月	○清がほろび中華民国が起る
		七月	崩御

一二三　大正天皇

二五七二	大《たい》正《しょう》元年	九月	明治天皇の大葬の御儀を行わせられる
二五七四	同　三年	四月	昭憲皇太后が崩御あらせられる
		七月	○欧洲に大戦が起る
		八月	ドイツとの戦を宣せられる　○パナマ運河の開通
		十一月	青島の要塞をおとしいれる
二五七五	同　四年	十一月	即位の礼をお挙げになる
二五七七	同　六年	二月	わが艦隊が地中海方面に出動する
二五七九	同　八年	六月	ベルサイユ条約が成立する
二五八一	同　十年	三月	皇太子裕仁親王が欧洲へお渡りになる
		十一月	ワシントン会議の開会　皇太子が摂政におなりになる
二五八四	同　十三年	七月	○米国が排日法をしく
二五八六	同　十五年	十二月	崩御

○世界のうごき

一二四　今上天皇

二五八七	昭《しょう》和《わ》二年二月	大正天皇の大葬の御儀を行わせられる
二五八八	同　三年十一月	即位の礼をお挙げになる
二五九〇	同　五年四月	ロンドン海軍軍縮条約が成立する
二五九一	同　六年九月	満洲事変が起る
二五九二	同　七年九月	満洲国の独立を承認する
二五九三	同　八年三月	国際連盟脱退を通告する
	十二月	皇太子明仁親王がお生まれになる
二五九四	同　九年十二月	ワシントン条約の廃棄を通告する
二五九六	同　十一年一月	ロンドン会議を脱退する
二五九七	同　十二年七月	支那事変が起る
二五九九	同　十四年五月	青少年学徒に勅語をたまわる
	八月	○ふたたび欧洲に大戦が起る
二六〇〇	同　十五年九月	日独伊三国同盟が成立する　北白川宮永久王の御戦死
	十一月	紀元二千六百年奉祝の式典　日華基本条約の成立
二六〇一	同　十六年六月	○独ソの開戦
	十二月	米英に対する宣戦の大詔が降る　○独伊の対米宣戦

昭和の大御代

用語説明

現御神《あきつみかみ》　この世に人の姿をとって現れた神
寇《あた》　外から侵入する敵
宝祚《あまつひつぎ》　天照大神の系統を受け継ぐ天皇の位
綾《あや》　模様を織り出した絹織物
行宮《あんぐう》　天皇の行幸先に設けられた仮の御所
行在所《あんざいしょ》　行宮に同じ
五十《い》鈴川《すずがわ》　伊勢神宮内宮の西側を流れる川
いずまい　座っている姿勢
いとう　大事にする
爾《いまし》　二人称の代名詞
駅《うまや》　馬・宿舎・食料などを提供した所
倦《う》む　長い間同じ状況が続き、あきる
浦安《うらやす》の国《くに》　心安らぐ国、日本国の美称
大内山《おおうちやま》　皇居

おかくれ　身分の高い人が亡くなること
恩顧《おんこ》　目をかけていること
海内《かいだい》　国内
賢所《かしこどころ》　神鏡を奉安してある所
還啓《かんけい》　皇后・皇太后・皇太子・皇太子妃が行啓先からお帰りになること
還幸《かんこう》　天皇が行幸先からお帰りになること
帰順《きじゅん》　抵抗をやめて服従すること
行啓《ぎょうけい》　皇后・皇太后・皇太子・皇太子妃が外出されること
行幸《ぎょうこう》　天皇が外出されること
御物《ぎょぶつ》　皇室の所有物
供御《くご》　貴人、将軍の食膳、特に天皇の御膳
国原《くにばら》　広い国土

雲居《くもい》はるか　非常に遠く離れているさま
細戈千足《くわしほこちたる》　立派な武器がたくさんあること
経綸《けいりん》　国家の秩序を整え治めること
剛臆《ごうおく》　剛勇と臆病
皇基《こうき》　天皇が国を統治する基礎
鴻業《こうぎょう》　大きな事業
皇嗣《こうし》　皇位継承の第一順位にある者
皇祖皇宗《こうそこうそう》　天照大神に始まる天皇歴代の祖先
公論《こうろん》　世間一般の人々の意見
御料《ごりょう》　天皇がお使いになる物
金銅仏《こんどうぶつ》　銅製の仏像にメッキを施したもの
さきくませ　いつまでも幸せであれ
さしもに　あれほどに
作興《さっこう》　奮い立たせること、奮い立つこと
然《しか》らしめる　そういう状態にさせる
自主独往《じしゅどくおう》　他からの干渉に左右されないで、自分の主義・主張どおりに行動すること
しずめ　乱をおさめ平安な状態にすること
宗門改《しゅうもんあらた》め　各人の属する宗教を検査した制度
出御《しゅつぎょ》　天皇がおでましになること
尚武《しょうぶ》　軍事・武勇を尊ぶこと
上洛《じょうらく》　京都へ行くこと
神饌《しんせん》　神社や神棚に供える供物
末次船《すえつぐぶね》　江戸初期、長崎の豪商末次平蔵が東南アジアや台湾と貿易した朱印船
統《す》べる　統率する
角倉船《すみのくらぶね》　江戸初期、京都の豪商角倉了以・素庵父子が東南アジアと貿易した朱印船
盛儀《せいぎ》　盛大な儀式
聖旨《せいし》　天皇のお考え
前駆《ぜんく》　行列の前方を騎馬で先導すること
践祚《せんそ》　三種の神器を受け継ぐこと

奏請《そうせい》　天子に上奏して決定を求めること

民草《たみくさ》　人民を草に例えた言葉

千五百秋《ちいほあき》　限りなく長い年月

治績《ちせき》　政治上の功績

町《ちょう》　約一〇九メートル

町歩《ちょうぶ》　約一万平方メートル

つかさ　官職

てずから　自分自身で

天壌無窮《てんじょうむきゅう》　天地とともに永遠に続くこと

鬨《とき》　合戦で士気を高める叫び声

とりひしぐ　掴みかかって押し潰す

万機《ばんき》　政治上の多くの重要な事柄

扶翼《ふよく》　助け、守ること

奉祝《ほうしゅく》　つつしんで祝うこと

暴支膺懲《ぼうしようちょう》　「暴虐な支那を懲らしめよ」の意

封《ほう》ずる　領地を与え、支配者とする

奉体《ほうたい》　上からの意をよく心にとめること

鳳輦《ほうれん》　天皇の乗り物の総称

巻狩《まきがり》　狩場を取り囲み、囲いを縮め獲物を追い込んで射取る大規模な狩猟

御稜威《みいつ》　天皇の威光

御位《みくらい》　天皇の位

詔《みことのり》　天皇の仰せ

御業《みわざ》　神のなせる業

八重《やえ》の潮路《しおじ》　はるか遠くまで続く海路

要害《ようがい》　守りに有利な地形の場所

夜《よ》もすがら　一晩中

諒闇《りょうあん》　天皇が父母の崩御で喪に服する期間

臨御《りんぎょ》　天皇が出向いてその場に臨むこと

臨幸《りんこう》　臨御に同じ

陋習《ろうしゅう》　悪い習慣

鹵簿《ろぼ》　行幸・行啓のときの行列

用語説明

「復刻版　初等科国史」解説

封じられた歴史書がよみがえるとき

三浦小太郎（評論家）

本書が生まれた時代背景

大東亜戦争開戦の年である昭和十六（一九四一）年三月から、従来の尋常小学校が改組され「国民学校」が発足する。これに伴い、新しい国史教科書が、それまでの『小学国史』を改編する形で編纂が行われ、本書『初等科国史』は、従来の「国史」教科書の内容、文章、挿絵などを全て改めて、昭和十八（一九四三）年から使用されることになった。「国民学校令施行規則」には、教育目的についてこのように記されている。

第二条　国民科は我が国の道徳、言語、歴史、国土国勢等に付て習得せしめ特に国体の精華を明にして国民精神を涵養し皇国の使命を自覚せしむるを以て要旨とす
皇国に生れたる喜を感ぜしめ敬神、奉公の真義を体得せしむべし

我が国の歴史、国土が優秀なる国民性を育成したる所以を知らしむると共に我が国文化の特質を明にして其の創造発展に力むるの精神を養ふべし

第五条　国民科国史は我が国の歴史に付て其の大要を会得せしめ皇国の歴史的使命を自覚せしむるものとす

初等科に於ては肇国の宏遠、皇統の無窮、歴代天皇の鴻業、忠良賢哲の事蹟、挙国奉公の史実等に即して皇国発展の跡を知らしむべし（中略）

国史の時代的様相に留意して一貫せる肇国の精神を具体的に感得把握せしむべし

郷土に関係深き史実は国史との関連に留意して授くべし

年表、時代表、地図、標本、絵画、映画等を利用して具体的直観的に習得せしむべし

この教育目的も、そしてこの時期の「国史」教科書も、大東亜戦争敗戦後のほとんどの歴史学者、教育学者により「皇国史観の押し付け」「戦争に協力することを少年少女に洗脳する戦時教育」として全否定されてきた。しかし、私たちが現在、偏見や先入観を捨ててこの「国史」を、純粋なテキストとして読むとき、硬直化した戦後の歴史解釈を越えて、いま私たちが見失ってしまった、歴史を「世界史」でも「日本史」でもなく、「国史」として読み直す視点に触れ

ることができるはずだ。さらに言えば、おそらく教科書編纂者の意図を越え、大東亜戦争の時代に、日本国が、明治以後の近代主義を超越した、もう一つの新たな「皇国」の理想に向けて飛翔しようとした歴史の息吹がこの本にはみなぎっている。それが決して猛々しい戦意高揚の文章ではなく、やまとことばのたおやかさと哀しさを通奏低音としているところに、大東亜戦争を神風特攻隊というある種「神話的」な戦法をもって挑んだ、わが国の悲劇的な精神が体現されているのかもしれない。

だが、本書はほとんど教科書として使用されることはない悲しい運命をたどった。昭和十八年九月にはイタリアが降伏、翌十九年六月には学童疎開が実施され、おそらく授業そのものが困難になりつつあったろう。実は昭和十九年には、内容をさらに一部改訂した新版も作られているが、それも実際の授業でどこまで使用されたかは不明である。

昭和二十年の敗戦後、おそらく、再開した授業の現場では、仮にこの教科書が使われたとしても、ほとんど全編に墨が黒々と塗られたのではなかろうか。そしてその年末に出されたGHQの指令で、歴史の授業そのものが停止となった。いま私たちが手にしている本は、一度は歴史の闇に葬られたのだ。

美しいやまとことば

まず本書の魅力が文章の美しさにあることは誰しも異論のないところだろう。次のような表現を少年時に朗読した人たちは、まことに幸福だったと思う。

天皇の御恵みのもとに、国民はみな、楽しくくらしていました。半島から来た人々も、自分の家に帰ったような気がしたのでしょう、そのままとどまって、朝廷から名前や仕事や土地などをたまわり、よい日本の国民になって行きました。（中略）学者や機織・鍛冶にたくみなものが多く、それぞれ仕事にはげんで、御国のためにつくしました。（25頁）

このような表現を「古代史を歪曲したもので客観性がない」などと論難する以前に大切なのは、日本の古来の姿をこのように教えることが、単なる当時の政治情勢を越えて、民族や人間同士の交流はこのような可能性を持ちうるのだという一つの理想を、少年時に教えることの意義を認識することである。

「天皇の御恵みのもとに」という言葉が気になって仕方がない人もいるかもしれないが、社会が様々な民族や多様な価値観を受け入れるためには、一定の正統性もまた必要だという当たり前の原則を述べているだけではないか。むしろ、現在世界のあちこちで見られる狭い排外主義に比べて、はるかにおおらかな世界観がここでは素直な文章で述べられている。
そして、高殿に上って村里の様子をご覧になった時、民家から一筋の煙も昇らないのをご覧になって、三年間税を停止したという、よく知られた仁徳天皇のエピソードは、次のように記されてゆく。

ために、おそれ多くも、御生活はきわめて御不自由となり、宮居の垣はこわれ、御殿もかたむいて、戸のすきまから雨風が吹きこむほどになって行きましたが、天皇は、少しもおいといになりませんでした。こうして三年ののち、ふたたび高殿からごらんになると、今度は、かまどの煙が、朝もや夕もやのように、一面にたちこめています。天皇は、たいそうお喜びになって「朕すでに富めり」と仰せになりました。（26頁）

「朝もや夕もやのように」という表現は、おそらく現在の都市生活の中からは生まれにくい表現だが、このような情景を表現するうえで見事なものではないか。そして、民が豊かになったこと、そのことだけで「朕すでに富めり」とお考えになったという、古代君主の理想像の表現は、本書における皇室観の根底をなすものであり、優れた挿絵と相まって子供たちに強い印象を与えるだろう。これまた、史実ではなく神話だと言いたがる人が多いとは思うが、小林秀雄が引用したゲーテの言葉のように、私たちの祖先が、素晴らしい神話や物語を作り、それを信じ伝えてきたならば、現代の私たちも、新たな美しい物語を作ることができなくても、それを引き継ぐくらいのことはできたほうがいいではないか（実際、この物語などは、現在の政治家にこそ読ませたいくらいのものである）。

そして、聖徳太子の偉業を記した後には、次の太子と現代をつなぐ文章が続く。

今、奈良の西南斑鳩の里に、法隆寺の堂塔が、なだらかな山々を背にして、太子の御遺業を物語るかのように立っています。力のこもった中門の丸柱、どっしりとかまえた金堂、大空にそびえる五重塔（中略）さらに、道を東へとって夢殿の前に立つと、絵にもかきたい八角の御堂の中に、今でも太子が、しずかに工夫をこらしていられるような気がします。

（33頁）

戦前は現代とは違い、全国民が旅行をするような時代ではなかったし、交通網もまだまだ整備されていなかった。教科書の中だけであれ、法隆寺の写真、そして夢殿の挿絵と共にこのような文章が記されていたことは、歴史と現在をつなぎ、また子供たちに日本の美しい風景を伝える意味もあったことだろう。

南朝（吉野朝）の哀しみと永遠の大義

建武の中興から南北朝にかけての記述は、やはり本書の白眉と言えるだろう。楠木正成に代表される忠臣たちが次々に斃れていく姿が、簡潔な中にも哀感を込めて描かれてゆき、最後には次のように結ばれる。

勤皇の武将は、吉野の桜のように、いさぎよく大君のために散りました。（中略）これらの忠臣は、黒雲のようにむらがる賊の軍勢を破って、つねに大義の光をかがやかしました。「歌書よりも軍書に悲し吉野山」というように、まことに御四代五十七年間の吉野山は、壮烈な軍物語で満たされています。

今、吉野神宮にお参りして、六百年の昔をしのぶ時、谷をうずめて咲く花は、これら忠臣たちが、後醍醐天皇の御霊を、いつの世までもおまもり申し、おなぐさめ申しあげているように思われます。（101頁）

このような文学的な記述をもって歴史を学ぶことの意義、それが子供たちの心に与える影響について考えることは、戦後教育の中で忘れられてきたことである。その役割は、戦後は教育現場よりも歴史小説が多く果たしてきた。しかし「歴史を貫く筋金は、僕等の愛惜の念というものであって、決して因果の鎖という様なものではないと思います」（小林秀雄）という精神を、義務教育のどこかで教えておくことは無駄ではあるまい。この記述がそのまま現在の教育課程で教えられるべきだと私は言うつもりはない。しかし、なぜ、いまもなお建武の中興から南北朝の時代が関心を持たれるのか、『太平記』や『神皇正統記』がなぜこの時代に書かれなければならなかったのかを考えるために必要な視点は、本書に日本精神の一つの象徴として込められているのではないか。

戦前の歴史家にして、いわゆる「皇国史観」の最も優れた思想史家の一人というべき平泉澄《きよし》の言葉をここで紹介したい。

　吉野時代の五十七年にくらべて、室町時代の百八十二年は、三倍以上の長さです。しかし三倍以上というのは、ただ時間が長かったというだけのことで、その長い時間は、実は空費せられ、浪費せられたに過ぎなかったのです。吉野時代は、苦しい時であり、哀しい時でありました。しかしその苦しみ、悲しみの中に、精神の美しい輝きがありました。日本国の道義は、その苦難のうちに発揮せられ、やがて後代の感激を呼び起こすのでありました。（平泉澄『物語日本史』（中）講談社学術文庫）

大東亜戦争は「正しき東亜の実現と国土の自衛戦争」

本書で大東亜戦争の影響を最も感じるのは、まず戦国時代から江戸時代にかけての記述である。そこでは、日本人の海外雄飛の姿勢が積極的に評価され、江戸時代の鎖国体制は否定的なニュアンスをもって描かれている（いわゆる倭寇すらも、日本人の勇武の証であるかのような記述が見られる）。江戸時代で強調されるのは、水戸学、国学思想等々で、江戸文化の業績に対する記述が乏しいのは、本書の欠点と言えるだろう。だが、これは明治以後の歴史観によく見られる傾向であり、「江戸時代暗黒史観」の始まりはむしろ明治期のルーツを持ち、それが後に近代主義や左翼思想の影響を受けるに至った。

幕末から明治維新を経て、大東亜戦争に至る記述については、何よりもまず、読者の方々が直接本文に触れ、近年の歴史研究書と併読されることをお勧めしたい。一例を挙げておく。大東亜戦争開戦の原因について、本書はこのように述べている。

昭和十五年三月、汪精衛の率いる新国民政府が、南京で成立しました。やがて十一月、わが国は、これと条約を結び、ここに日・満・支三国が、力を合わせて、東亜新秩序の建設に、はげむことになりました。しかし、重慶の政府は、なお米・英の援助によって、からくも命をつなぎ、あくまで、わが国に手むかい続けました。（231頁）

米・英の両国は、重慶政府を助けて、支那事変を長引かせるばかりか、太平洋の武備を増強し、わが通商をさまたげて、あくまで、わが国を苦しめようとしました。しかも、わが国は、なるべく事をおだやかに解決しようと、昭和十六年の春から半年以上も、誠意をつくして、米国と交渉を続けましたが、米国は、かえってわが国をあなどり、独・ソの開戦を有利と見たのか、仲間の国々と連絡して、しきりに戦備を整えました。こうして、長い年月、東亜のためにつくして来たわが国の努力は、水の泡となるばかりか、日本自身の国土さえ、危くなって来ました。昭和十六年十二月八日、しのびにしのんで来たわが国は、決然としてたちあがりました。（232頁）

四百年ばかり前から、まずポルトガル・スペインが、ついでオランダ・イギリス・ロシアが、最後にアメリカ合衆国が、盛んに東亜をむしばみました。わが国は、いち早くその野心を見抜いて、国の守りを固くし、東亜の国々をはげまして、欧米勢力の駆逐につとめて来ました。そうして、今やその大業を完成するために、あらゆる困難をしのいで、大東亜戦争を行っているのです。（238頁）

もちろん、これは戦争中、日本国政府が、少年たちに自国の立場を教えるための文章である。しかし、これは大東亜戦争を「民主主義対ファシズムの戦争」とみなす当時の英米の宣伝に比べ、決して自己中心的とは言えず、戦時中の発言としてははるかに公正なものである。そして、連合軍の大西洋憲章に対し、日本がその戦争目的、さらに言えば自ら求める世界新秩序として発した大東亜宣言が出されたのも、この教科書発行と同じ年、昭和十八年十一月のことであった。

日本の近代化と「神国日本」の危機

このように本書の魅力を並べてきても、現在の読者は、本書には大正デモクラシーの成果、西欧文明の受容、近代資本主義の発展などについての記載がほとんどないこと、かつこれは明治以降の記述に顕著になるのだが、著名で子供にも親しまれそうな議会人、政治家、文化人がほとんど登場することなく、皇室と一部軍人のみしか登場しないことに違和感を持たれるだろう（一例を挙げれば、野口英世も登場しない）。

だが、ここで私たちは、当時の時代状況を考えてみる必要があるだろう。明治から大正、昭和初期にかけての日本の近代化は、本書で描かれ、説かれている日本の麗《うるわ》しい歴史と物語を、根本から解体する方向で進んでいたのである。

昭和十七年に書かれた文章を一つ紹介する。

文明開化と共に、日本人は伝統と血統の尊さを忘れた。「独立自尊」の福沢諭吉流の個人主義、「人の上には人はなし」の自由民権流の思想が国民の常識と化した時に、我我は日本の伝統を忘れたのである。（中略）それが「封建の陋習」を一掃しえたと思いあがった国民の常識となった時には（中略）日本人は「封建の美風」をも一掃して、歴史を忘れ血を忘れた低俗なる功利主義者に化し終わっていたのである。（林房雄『勤皇の心』）

林房雄は、若き日はマルクス主義にも共感し、この文章を書いたのち約四半世紀後には『大東亜戦争肯定論』を発表して、当時の戦後民主主義史観、マルクス主義史観に対し戦いを挑むことになる。林の少年時代、つまり大正から昭和初期において、日本の精神状況はすでに「神を失っていた」ことを、これほど明瞭に記した文章は少ない。さらに林はこの文章の中で、はっきりと「神は失われた」という言葉を記し、日本の伝統は神道を含め自分たちの世代には遠いものになっていたとまで断定している。次の状況批判は、まるで戦後日本に対するもののように響く。

明治の中期以後、金の権力は次第に日本の社会を腐敗させ、明治維新が一度回復した清潔なる国体の理念は混濁し、厚顔なる偽善者と金肥りの俗物と、巧言令色のおべっか者が世を支配し、内に文明開化を唱えつつ、外は欧米者流に追従して、国は西洋の半植民地に化し果てんとする趣を呈した。(『勤皇の心』)

この風潮に抗《あらが》った人々も、結局(林自身を含め)、日本の危機を脱するために、西洋の思想にすがり、「神の否定、人間獣化、合理主義、主我主義、個人主義」に陥り、極端なものはマルクス主義を選択し、日本国体そのものの破壊を目指した。いずれにせよ、西洋の主義思想に導かれれば、その行き着く先は「神国日本」の否定であった。「神国日本」という言葉に抵抗のある人は、「日本の前近代的価値観」でも「伝統精神」でも「日本型共同体」でも、好きな言葉で置き換えていただければよい。

この林の言葉は、日本人全体というよりも知識人、特に急進的な近代知識人を指す。しかし、近代化と合理主義、さらに資本主義が無原則に進行すれば、その果てにあるものは、各民族の伝統文化、信仰、それに基づく共同体の解体であることは、日本のみならず全世界で明らかになったことである。それを否定しようとして資本主義を否定するマルクス主義を選択した国家は、歴史伝統と同時に「古い思考」に囚われているとみなされた民衆を、収容所に送り込んで強制労働の中「改造」し、それに従わぬものを粛清していった。

明治維新から大正デモクラシーを経て昭和に至る時代は、日本がアジアにおける唯一の近代国家としての輝かしい発展を果たした時代だったかもしれない。しかし同時に、近代化と資本主義の急速な発展がもたらしたのは、富の格差であり、伝統的価値観と共同体が、全て「資本」の論理によって解体される時代でもあった。昭和維新運動、また一方ソ連を祖国とみなすかのような共産主義革命運動が発生していた時代背景には、「神国日本」が近代化と資本主義化の中で解体しつつある状況があったのだ。

本書『初等科国史』は、まさに「神国日本」を貫く皇国史観に基づいている。そして、皇国史観とは一部の左派知識人が批判してきたような、蒙昧で狂信的な自国中心史観でもなければ大東亜戦争のイデオロギーでもない。その本質は「歴史を忘れ血を忘れた低俗なる功利主義」つまり「近代」そのものと果敢に戦おうとした思想的営為であった。

皇国史観の神髄

先述した平泉澄は、歴史を「国史」として、しかも、近代を越え、時代を越えたものとしてとらえようとした。平泉の史観が最もよく表れているのは次の文章である。

かくて歴史は、自国の歴史に於いて、我れ自らその歴史の中より生れたる祖国の歴史に於いて、初めて真の歴史となり得るものである（中略）。我が意志によりて組織し、我が全人格に於いてこれを認識し、我が行を通して把捉するが如きは、祖国の歴史にあらずんば、即ち不可能である。祖国の歴史にして始めて古人と今人との連鎖、統一は完全である。古人はこゝに完全に復活し来る。（平泉澄『国史学の骨髄』）

ここでの「古人と今人の連鎖、統一、古人の復活」とは、近代によって断絶させられる伝統の復活と共に、歴史と個人との連携を取り戻すことによって、近代資本主義の中で疎外された個々人の精神を復興することを表す。平泉は、このような意志なき「科学的」歴史観が、単に歴史の中に死骸と資料をあさるのみで、現代とのなんらの精神的連鎖をもたらさないことを厳しく批判した。それによって「古人がここに完全に復活し来るを思ふ時、歴史は即ち永世となる」「吹く風の眼にこそ見えね、古人の魂は永遠に現在する」。

本書『初等科国史』が、平泉の主張する「国史」の理想を実現しているとまでは言わない。しかし、本書が少なくとも試みの一つとして、「古人」と「今人」の連鎖を導こうとしていることは明らかである。この解説で引用した部分のみならず、全体を通して、当時の子供たちに「古人」の姿を伝え、現代に残された彼らの足跡をたどれば、そこに生き生きとした古人の魂が立ち現れることが説かれている。

さらに平泉は続ける。歴史は変化を確かに必要とするが、それは革命や滅亡を導くものであってはならない。その時は国家は消滅する。日本は未だ革命も滅亡も知らず、中興や維新により、国家の歴史は絶えず生き生きと復活するのだ。ここに、日本が「古と今との統一的連関」をなしうる要因がある。しかし、それは安穏と、日本は皇室伝統があるから大丈夫だとか、日本の国体は立派だといった、夜郎自大で楽観的な歴史観に堕してはならない。日本の国体も歴史も、幾多の危機にさらされ、そのたびに幾多の忠義の人々が命を捨てて守り抜いたものである。

平泉は近代化そのものを全否定したのではない。「我国の改革は、大化の改新にしましても建武の中興にしましても、明治維新にしましても、悉《ことごと》くその原動力を歴史の中から汲みまして、我国本来の姿、正しい日本に戻さうといふのが根本の精神」であって、近代化が必要であればあるほど、そこには「祖国の歴史」における「古人」と現代人がしっかり連鎖している精神も同時に必要なのだと説いた。そして、本書『初等科国史』の末尾には、さりげなく次の文章が記されている。

世々の国民は、天皇を現御神とあがめ、国の御親とおしたい申しあげて、忠誠をはげんで来ました。その間、皇恩になれ奉って、わがままをふるまい、太平に心をゆるめて、内わもめをくり返し、時に無恥無道の者が出たことは、何とも申しわけのないことでありました。しかし、そうした場合でも、親子・一族・国民が、たがいに戒め合い、不覚をさとし、無道をせめて、国のわざわいを防ぎました。(236頁)

日本国の歴史、「国史」は、皇国史観の視点から見ても、決して安穏としたものではなく、外的、内的な危機に直面するたびに心ある国民が立ちあがってその一貫性が守られてきたものだった。その「国史伝統」の連鎖にとって最大の危機が、明治以後の西欧文明との出会い、必要に迫られた日本社会の近代化、そして資本主義経済の導入と社会構造の激変だった。

この文章が書かれたページには、富士山とその前を飛行する爆撃機が美しい調和をもって写されている。三島由紀夫は大東亜戦争に対し、「あの戦争が日本刀だけで戦つたのなら威張れるけれども、みんな西洋の発明品で、西洋相手に戦つたのである。ただ一つ、真の日本的武器は、航空機を日本刀のやうに使つて斬死した特攻隊だけである」と記した。特攻隊の戦いは、近代という「黒雲のようにむらがる」敵、単なる連合軍だけではなく、世界を「功利主義、物質主義」で埋め尽くそうとする世界観に対し、本書で描かれた吉野朝の忠臣たち同様、「七生報国」の精神で、「古人」と「今人」がともに赴く神話的な戦いであるかのように、三島には映ったのだろう。この三島の言葉とこの写真も、不思議な共鳴をしているように感じられる。

現代社会が、グローバリズムという新たな脅威を迎え、近代の行き着く果てに全世界的にナショナリズムが勃興し、近代以前の価値観が宗教原理主義として暴発し、特に東アジアにおいては、覇権主義大国の暴力が国際秩序を脅かしつつある。

そして令和の改元がなされた年に、大東亜戦争の最中という国家的危機に対応すべく生まれた本書が再びよみがえることに、私はある歴史的意義を感じる。「国史」の精神的復権と「古人」の声を聴くことの必要性を、時代が私たちに呼びかけているように感じざるを得ない。

（終）

昭和十八年三月五日
文部省檢査濟

昭和十八年三月一日印刷
昭和十八年三月三日發行
昭和十八年三月四日翻刻印刷
昭和十八年三月卅一日翻刻發行

初等科國史下
㊔定價金參拾錢
わ

著作兼發行者　文部省

翻刻發行兼印刷者　東京市王子區堀船町一丁目八百五十七番地
東京書籍株式會社
代表者　井上源之丞

印刷所　東京市王子區堀船町一丁目八百五十七番地
東京書籍株式會社工場

發行所　東京書籍株式會社

『初等科国史』について

国定歴史教科書『初等科国史』は、その原案が昭和17年に教科用図書調査会で可決、上巻が昭和18年2月、下巻が同年3月に発行され、昭和18年4月からそれぞれ国民学校第5学年、第6学年用として、週2時間の国史授業で使用された。翌年、一部修正版が発行され、昭和19年4月から授業で使用された。しかし終戦後、昭和20年9月20日付文部次官通牒「終戦ニ伴フ教科用図書取扱方ニ関スル件」で教科書の墨塗りが行われ、昭和21年1月11日付文部次官通牒「修身、国史、地理授業停止ニ関スル件」で授業そのものがなくなり、同年2月12日付文部次官通牒「修身、国史及ビ地理教科用図書ノ回収ニ関スル件」で教科書が回収されてしまう。そして昭和21年10月から、GHQの検閲を受けた歴史教科書『くにのあゆみ』を使用した授業が始まった。

編集協力：和中光次

[復刻版] 初等科国史

令和元年10月7日　第1刷発行
令和7年3月31日　第11刷発行

著　者　文部省
発行者　日高 裕明
発　行　株式会社ハート出版

〒171-0014 東京都豊島区池袋3-9-23
TEL03-3590-6077 FAX03-3590-6078
ハート出版ホームページ https://www.810.co.jp

Printed in Japan ISBN978-4-8024-0084-8

印刷・製本 中央精版印刷株式会社

［復刻版］女子礼法要項

日本の女子礼法教育の集大成

竹内 久美子 解説

ISBN978-4-8024-0173-9　本体 1400 円

［復刻版］中等修身［女子用］

神代から連綿と継がれる女子教育の集大成

橋本 琴絵 解説

ISBN978-4-8024-0165-4　本体 1800 円

［復刻版］高等科修身［男子用］

今の日本だからこそ必要な徳目が身につく

高須 克弥 解説

ISBN978-4-8024-0152-4　本体 1500 円

［復刻版］国民礼法

ＧＨＱに封印された日本人の真の礼儀作法

竹内 久美子 解説

ISBN978-4-8024-0143-2　本体 1400 円

［復刻版］初等科修身［中・高学年版］

ＧＨＱが葬った《禁断》の教科書

矢作 直樹 解説・推薦

ISBN978-4-8024-0094-7　本体 1800 円

［復刻版］ヨイコドモ［初等科修身 低学年版］

低学年の時からこんな道徳を学んでいた！

矢作 直樹 推薦

ISBN978-4-8024-0095-4　本体 1600 円

［復刻版］中等歴史［東亜及び世界篇〈東洋史・西洋史〉］

驚くほど公正な戦時中の中等学校「世界史」

三浦 小太郎 解説

ISBN978-4-8024-0133-3　本体 1700 円

［復刻版］高等科国史

世に出ることのなかった“幻の教科書”

三浦 小太郎 解説

ISBN978-4-8024-0111-1　本体 1800 円

［復刻版］初等科国語［中学年版］

日本語の美しい響きと力強さ、道徳心を学べる

葛城 奈海 解説　矢作 直樹 推薦

ISBN978-4-8024-0103-6　本体 2000 円

［復刻版］初等科国語［高学年版］

道徳的価値観に基づく愛の心に満ちた教科書

小名木 善行 解説　矢作 直樹 推薦

ISBN978-4-8024-0102-9　本体 2500 円

［復刻版］よみかた上・下［　　　　］

低学年の時からこんな国語を学んでいた！

佐波 優子 解説　矢作 直樹 推薦

ISBN978-4-8024-0100-5 箱入り 本体 4500 円

［復刻版］初等科地理　初等科国語 低学年版

ご先祖が学んだ我が国と大東亜の“地政学”

宮崎 正弘 解説　矢作 直樹 推薦

ISBN978-4-8024-0123-4　本体 1700 円

［復刻版］初等科理科

名だたるノーベル賞受賞者も学んだ理科教科書

佐波 優子 解説

ISBN978-4-8024-0184-5　本体 2300 円

［現代語訳］是でも武士か

残虐宣伝の不朽の名著

J・W・ロバートソン・スコット 著　大高 未貴 解説

ISBN978-4-8024-0175-3　本体 2200 円

禁断の国史

英雄 100 人で綴る教科書が隠した日本通史

宮崎 正弘 著

ISBN978-4-8024-0181-4　本体 1500 円

ルーズベルトの戦争犯罪

普及版 ルーズベルトは米国民を裏切り日本を戦争に引きずり込んだ

青柳 武彦 著

ISBN978-4-8024-0180-7　本体 1200 円